DESTINAZIONE MAILING LIST

COME CREARE UNA NEWSLETTER IN GRADO DI FIDELIZZARE I LETTORI

MICHELE E. AMITRANI

www.CrediNellaTuaStoria.com

Pubblicato da Michele Amitrani

Ebook ISBN: 978-1-988770-27-7

Copertina flessibile ISBN: 978-1-988770-32-1

Copertina creata da CJ Hunt

LIBRO IN REGALO

Pubblicare indipendentemente un libro professionale non è una passeggiata. Ecco la guida che ti rende la vita più facile.

Iscriviti alla mia newsletter su self-publishing e book marketing e ricevi in regalo *Autoeditoria Digitale: La mini guida al self-publishing professionale*.

Nella guida viene spiegato:

- Come creare un libro che i clienti vogliono leggere
- Come stabilire le basi di una piattaforma online
- Come studiare il mercato per posizionare strategicamente il tuo libro

Troverai inoltre dozzine di risorse su come iniziare la tua newsletter, creare la copertina di un libro, stabilire rapporti di collaborazione con altri autori e molto altro ancora.

Scarica la guida gratuita *Autoeditoria Digitale* su www.CrediNellaTuaStoria.com

INTRODUZIONE

Lo vedo accadere tutti i giorni. La maggior parte degli autori italiani non ha un contatto diretto con i propri lettori.

Per avere una carriera di successo, avrai bisogno di persone che compreranno i tuoi libri e che li raccomandino ad amici e conoscenti. Soprattutto, avrai bisogno di far sapere al tuo pubblico quando pubblicherai la prossima opera.

Se il tuo primo libro venderà mille copie, congratulazioni! Sarà un'occasione buona per stappare lo Champagne. Ma quando verrà il momento di pubblicare il secondo libro, come faranno i primi mille lettori a saperlo?

Non lo sapranno, a meno che non crei con loro un contatto diretto.

Tempo fa un autore poteva affidarsi al lavoro di un editore tradizionale per pubblicizzare i suoi libri. Non doveva creare un seguito di fan, o anche solo interagire con loro. Doveva solo scrivere libri, lasciarli alle cure della casa editrice e sperare che avessero successo.

I tempi sono cambiati. Anche se pubblichi con un

editore tradizionale, la maggior parte della promozione ricadrà sulle tue spalle.

Se stai leggendo questo libro hai un problema, o perlomeno una domanda a cui vuoi dare risposta. Hai sentito dire dappertutto che gestire una mailing list è fondamentale per la tua carriera, che è il più importante strumento di marketing per un autore, ma non sai per quale motivo, o come fare a crearne una.

Ti stai chiedendo qualcosa del genere: in che modo mandare un'e-mail dopo l'altra a degli sconosciuti dovrebbe aiutarmi a vendere più libri?

Ti stai facendo la domanda sbagliata. Prova a chiederti piuttosto: perché una persona si è presa il disturbo di iscriversi alla tua mailing list?

È semplice. Perché si è imbattuta nei tuoi lavori e ha deciso che meritavano la sua attenzione.

Facendo clic sul pulsate 'iscriviti' ti ha dato il permesso di inviargli dei messaggi. Nell'era in cui viviamo, dove il tempo delle persone è la risorsa più preziosa in assoluto, quella semplice azione è un segnale di fiducia.

E su quella fiducia può basarsi un'intera carriera.

C'è un'altra componente da considerare quando si parla di mailing list, una che è poco discussa nei circoli di autori.

Per quale motivo stipuliamo polizze assicurative? Se questa domanda ti sembra strana, ti invito a riflettere sulla risposta. Stipuliamo polizze assicurative perché vogliamo dormire sonni tranquilli.

La mailing list è la polizza assicurativa per la tua carriera di autore. Ti garantirà stabilità quando Amazon cambierà l'algoritmo, e i tuoi libri non venderanno più quanto ti aspettavi. Sarà lì quando Facebook ridurrà ulteriormente la visibilità dei tuoi post, e ti costringerà a pagare per raggiungere più lettori. Sarà lì quando il prossimo sviluppo tecnologico scuoterà lo status quo e rimescolerà tutte le carte in gioco.

Quello che resta, quello che *puoi* controllare, sono le tue storie. E la possibilità di avere un collegamento diretto con i tuoi lettori quando il mondo editoriale cambierà. E stanne certo: *cambierà*, in modi che non possiamo neppure immaginare oggi.

Quando la tempesta radioattiva colpirà, vorrai trovarti a correre nel bel mezzo della strada con le mani nei capelli, oppure fuggire nel bunker che hai costruito anni fa, con una scorta di provviste che durerà abbastanza tempo per farti sopravvivere fino al sorgere di un nuovo giorno?

Okay. Lo ammetto. Sono un fan della letteratura postapocalittica.

Il punto è avere una mentalità aperta, e prepararsi al peggio.

Faccio self-publishing da abbastanza tempo da sapere che esistono tre pilastri su cui si basa la carriera di un autoeditore:

1. Un libro di qualità che i lettori raccomandano ad altri lettori
2. L'abilità di promuoverlo al pubblico giusto
3. Un contatto diretto con i propri fan attraverso una mailing list

Ho conosciuto molti autori che avevano le prime due componenti, ma che non si erano mai preoccupati di costruire la terza. Negli anni sono rimasti in vetta alle classifiche di Amazon per settimane o mesi. Sembrava che i loro libri fossero dappertutto, che il gigante di Seattle li promuovesse ovunque, che la loro carriera fosse avviata e destinata a grandi cose. Lo so perché ho studiato questi autori quando erano all'apice della loro carriera. Ed ero lì quando sono spariti nel nulla.

Le cose cambiano. Il successo è un fattore effimero e difficile da quantificare. Niente è certo nella professione dell'autoeditore.

Ho visto molte cose cambiare in quasi dieci anni di self-publishing, e sono sicuro che molte altre cambieranno.

In questo arco di tempo, mentre social media sorgevano e tramontavano, la mailing list è rimasta uno strumento cardine che ha assunto, se possibile, un'importanza ancora maggiore. "Per quale motivo?" ti sento chiedere. Perché ti dà accesso a una risorsa che sta diventando sempre più scarsa: l'attenzione dei lettori.

Vendere libri è fantastico. Arrivare in cima alle classifiche è una bella occasione da celebrare con screenshot e post sui social. Ma, a lungo andare, la carriera di un autore è fatta di molti libri di qualità pubblicati uno dopo l'altro, come mattoni che costituiscono le fondamenta di una casa.

La verità è che la nostra carriera si basa sui lettori. Non puoi raggiungerli su Amazon o sugli altri negozi online. Non puoi sapere chi di loro ha comprato il tuo libro.

Questo è un fatto importante e al tempo stesso sottovalutato: ogni libro che vendi senza aver creato una mailing list è un'occasione persa.

Quando ho iniziato a scrivere *Destinazione Mailing List* ho avuto dei dubbi. Così come gli altri libri della serie *Destinazione Autoeditore* volevo dare consigli pratici che potessero aiutare te e altri autori ad avere una carriera di successo, ma sapevo che non esiste una formula unica per raggiungerlo.

Ogni autore è un microcosmo particolare, e ha delle esigenze diverse. Alcune delle cose che scriverò non potranno essere applicate al tuo caso specifico, altre potrebbero fare tutta la differenza del mondo per te e per i tuoi libri.

Se sei un autore che esita a creare una mailing list, o se hai già provato e sei convinto che sia una perdita di tempo, non posso forzarti a crearne una più di quanto non possa convincere un terrapiattista che il nostro pianeta è una sfera schiacciata ai poli e rigonfia all'equatore.

Convincerti non è il mio obiettivo. Voglio solo invitarti a porti le domande giuste.

Quando finirai di leggere, fammi sapere se avrai trovato delle risposte.

ACRONIMI, TERMINOLOGIA E
CONCETTI BASE

Quelli che seguono sono alcuni concetti e definizioni che è importante che tu conosca prima di addentrarti nel cuore di questo libro. Puoi saltare questa parte se hai già familiarità con la terminologia usata per descrivere l'e-mail marketing. Se vuoi, potrai tornare a leggere questa sezione quando avrai un dubbio su una parola.

Va più che bene non capire immediatamente questi concetti. Io ho impiegato mesi a padroneggiarli tutti. Se non hai mai usato una mailing list, dovrai mettere in conto il tempo che ti occorrerà per familiarizzare con la terminologia che la descrive.

Credimi. È tempo ben investito.

Ti spiegherò i termini al meglio delle mie capacità, ma ti avverto che solo quando inizierai a gestire una mailing list cominceranno ad avere senso.

Cos'altro? In questa sezione ho scelto di non tradurre la maggior parte dei termini in italiano. No, non voglio renderti la vita più complicata. Al contrario. Voglio che familiarizzi fin da subito con la terminologia di *Anglosasso-landia* (questo è il modo di cui mi riferisco al mondo anglosassone), perché in futuro potresti decidere di volere più informazioni, magari scritte da colleghi indipendenti anglofoni, e conoscere gli acronimi e le definizioni nella loro forma 'pura' ti aiuterà ad assimilare più velocemente quegli argomenti.

Nel testo cercherò di utilizzare prevalentemente la versione in italiano, per renderti la vita più facile.

Metterò la lista dei termini in ordine alfabetico.

Pronto? Cominciamo!

A/B testing: un modo di creare due e-mail simili per vedere quale avrà un maggiore tasso di consegna, e quindi più chance di essere letta dai tuoi iscritti.

ARC: advanced reading copy. In Italiano traducibile come 'copia di lettura anticipata'. È una copia gratuita di un nuovo libro data da un editore a un numero di recensori nella speranza che questi ne parlino ad altri lettori e che lo recensiscano.

Automation: in italiano 'automazione'. È un'attività che ti permette di programmare e inviare i messaggi di posta elettronica a una lista di contatti nel momento in cui l'iscritto compie un'azione specifica.

Back matter: il contenuto che si trova alla fine del tuo libro. Solitamente include una *call to action*, come ad esempio: 'iscriviti alla mia newsletter' oppure 'recensisci il mio libro'.

Backlist: libri che un autore ha già pubblicato. Questa parola è traducibile in italiano come 'titoli in catalogo'.

Nuovi autori avranno una backlist scarna o inesistente, mentre autori che scrivono e pubblicano da decenni potrebbero avere dozzine di libri nel loro catalogo.

Bounce rate: percentuale delle e-mail inviate che non sono state ricevute. Esistono due tipi di *bounce*: un *hard bounce*, causato da indirizzi e-mail non esistenti o non validi, e un *soft bounce*, che indica un problema temporaneo, ad esempio una casella di posta elettronica piena.

Copywriting: per copywriting si intende la scrittura di testi pubblicitari con lo scopo di catturare l'attenzione del cliente per ottenere una vendita o suscitare il suo interesse. Scrivere un buon romanzo richiede un tipo di abilità completamente diversa dal creare una quarta di copertina accattivante che persuada il cliente a comprarlo. Il primo tipo di scrittura è arte. Il secondo è copywriting.

CTA: *call to action*. Può essere una parola, frase o pulsante messo alla fine di un annuncio pubblicitario, di un blog post o di un'e-mail che invita un utente a fare qualcosa.

Deliverability: il tasso di consegna delle tue e-mail. In altre parole è il numero delle e-mail che raggiungono la casella di posta elettronica (*inbox*) dei tuoi iscritti.

Double opt-in: un doppio *opt-in* si verifica quando un utente si iscrive a una mailing list e gli viene inviata immediatamente dopo un'e-mail che include un link da cliccare per confermare l'iscrizione.

E-mail service provider: servizio di e-mail marketing che consente di automatizzare l'invio di e-mail.

Front matter: le prime pagine di un libro, solitamente contenenti la sezione del copyright, la dedica, l'indice e la prefazione. Nel mondo degli autori indipendenti a volte si fa uso di questo spazio per offrire un libro gratuito in cambio dell'indirizzo e-mail del lettore.

GDPR: General Data Protection Regulation. In italiano: 'regolamento generale sulla protezione dei dati' (in sigla RGPD). È un regolamento dell'Unione Europea in materia di trattamento dei dati personali.

Landing page: è la pagina web in cui metterai il modulo di iscrizione alla tua mailing list. Questa pagina dovrebbe avere il minor numero di distrazioni possibili. Assicurati che abbia solo gli spazi da compilare (es: nome dell'iscritto e indirizzo e-mail) e un paio di pulsanti. Il tuo scopo è di non distrarre il potenziale iscritto.

Mailing list: elenco di indirizzi e-mail a cui viene mandato periodicamente materiale pubblicitario o informativo.

Newsletter: messaggio informativo periodico che un'azienda, un'associazione o un ente invia a una determinata lista target (che può includere clienti, membri di un gruppo, lettori, ecc.) con lo scopo di aggiornare i contatti sulle proprie attività.

Non-organic list building: modo attivo di accumulare iscritti attraverso *giveaway*, annunci PPC e servizi come BookSweeps e BookFunnel. Gli iscritti ottenuti in questo modo vengono detti 'acquisiti'.

Organic list building: il modo passivo di accumulare iscritti dalla *front* e *back matter* dei tuoi libri o dalla *landing page* del tuo sito. Gli iscritti ottenuti in questo modo vengono detti 'organici'.

Reader magnet: traducibile in italiano come 'magnete per lettori'. È un prodotto di valore (come un libro o una novella) che offri ai tuoi lettori in cambio del loro indirizzo e-mail.

Sales funnel: in italiano funnel (o imbuto) di vendita. Per funnel di vendita si intende la strategia di marketing a imbuto che descrive il viaggio del consumatore dal momento in cui ha una necessità di acquisto fino all'acquisto stesso.

Segmentation: inteso come segmentare una parte della tua mailing list. È un modo di dividere per tipologia o interesse la lista dei tuoi lettori. È una strategia volta a personalizzare i messaggi a seconda dell'interesse dei tuoi iscritti.

Spam folder: la cartella spam è dove non vuoi che finiscano le tue e-mail. È impossibile evitare completamente il buco nero dello spam, ma in questo libro ti darò alcuni consigli per tenerti il più possibile lontano dai suoi effetti deleteri.

Whitelisting: processo che consente a determinate e-mail di una certa sorgente di essere accettate da un servizio come Gmail o Yahoo. È una pratica utile per diminuire la possibilità che i messaggi che mandi ai tuoi iscritti finiscano nella cartella spam.

PARTE 1

COME CREARE UNA MAILING LIST

CAPITOLO 1

PERCHÉ HAI BISOGNO DI UNA MAILING LIST?

Avere una mailing list è importante per gettare le basi della tua carriera di autore. È il canale di promozione più potente e affidabile che avrai a disposizione e l'unico modo diretto e bidirezionale di comunicare con i tuoi fan.

Una precisazione, prima di proseguire. La mailing list e la newsletter *non* sono sinonimi. Sono concetti collegati, ma vogliono dire cose diverse. La mailing list è l'insieme degli indirizzi e-mail delle persone interessate a sapere di più sui tuoi lavori. La newsletter è un messaggio che mandi periodicamente agli iscritti alla tua mailing list.

Puoi aver una mailing list di centomila contatti, ma se non scrivi loro nessuna newsletter è come se non esistessero. Al tempo stesso, puoi scrivere la newsletter più accattivante sulla piazza, ma se non la legge nessuno non ha molto valore.

Molti autori credono che una newsletter sia una perdita di tempo, perché sono convinti che nessuno sia interessato a quello che hanno da dire. Altri rabbrividiscono al pensiero di colleghi autori che condividono immagini dei loro cani mentre aggiornano i lettori sul loro ultimo progetto. "Io non farei mai una cosa del genere," dicono, scuotendo la testa. "È una cosa stupida. Non leggerei *mai* un'e-mail del genere."

È qui, mio caro lettore, si annida l'errore qui grande. Quello delle *aspettative*. Questi autori stanno proiettando le loro aspettative su persone che non conoscono.

Non fare l'errore di credere che le tue aspettative siano quelle del tuo pubblico. Non hai idea di chi si trova dall'altra parte dello schermo.

Ci sono molti vantaggi nell'accrescere periodicamente il numero dei tuoi iscritti e mantenerli interessati attraverso una newsletter di qualità. Eccone alcuni.

1. La mailing list è tua. La possiedi e la controlli. I social media e le altre piattaforme su cui fai promozione possono cessare di esistere o cominciare a farti pagare per la visibilità che prima ti davano gratis. Facebook è solo uno degli esempi più eclatanti. C'è una tendenza crescente al modello *pay-to-play* anche in un negozio come Amazon, dove è sempre più difficile generare visibilità senza pagare con annunci pubblicitari.

2. Puoi interagire direttamente con i tuoi lettori e costruire una relazione duratura. Puoi porre loro domande per capire meglio quello a cui sono interessati (e plasmare i tuoi obiettivi di pubblicazione di conseguenza) o chiedere opinioni sulle storie che hai scritto. Insomma, puoi renderli partecipi della tua vita di autore in modi diversi, e al tempo stesso migliorare il tuo modo di scrivere.

3. È più probabile che i tuoi iscritti comprino il

libro a prezzo pieno, visto che ti conoscono già, mentre lo stesso non vale per persone sconosciute che ti trovano grazie ad annunci pubblicitari, che hanno bisogno di essere 'convinte' prima di comprare i tuoi libri.

4. Avrai l'opzione di formare un gruppo di recensori che può aiutarti a ottenere diverse recensioni nel giorno di lancio, facendo in modo che altri clienti siano più propensi a comprare la tua opera.

Questi sono solo alcuni vantaggi che derivano dall'avere una newsletter curata. Nel corso di questo libro ti parlerò di alcune strategie per fidelizzare i tuoi lettori e discuterò di alcune buone pratiche per accrescere il numero di iscritti e la qualità del contenuto della tua newsletter.

CAPITOLO 2

L'UTILITÀ DI UNA MAILING LIST PER AUTORI DI FICTION E DI NON-FICTION

Conosco molti autori che non hanno una mailing list, e nessuna intenzione di crearne una. Alcuni di loro vendono anche abbastanza bene, decine se non centinaia di copie al mese. Hanno una pagina Facebook, sono presenti su alcuni social e usano annunci pubblicitari. Ma questo è tutto.

Se hai letto il precedente libro di questa serie, *Destinazione Amazon Ads*, sai che non ho nulla contro gli annunci pubblicitari. Anzi, li trovo uno strumento indispensabile nell'arsenale di un autoeditore che vuole vendere più libri e aumentare la sua visibilità.

Tuttavia, le inserzioni pubblicitarie non possono rappresentare la base fondante della carriera di un autore.

Ti faccio un esempio. Immagina che tu sia un mercante che vende prodotti a un villaggio. Ogni giorno utilizzi un ponte per raggiungere i tuoi clienti. Ma questo ponte appartiene a una ditta privata, e un giorno questa ditta decide di farti pagare per poterlo usare. Questo è quello che è successo con Amazon quando ha introdotto i suoi annunci, costringendo gli autori a pagare per raggiungere il grande pubblico.

Una newsletter è il ponte di ferro che hai costruito con i tuoi lettori. È qualcosa che possiedi e controlli. Nessuno te la può togliere. Puoi utilizzare questo tramite diretto senza dover pagare o chiedere il permesso a nessuno. Teoricamente non hai neppure bisogno di un negozio online per vendere i tuoi libri. Puoi venderli direttamente ai tuoi iscritti attraverso il tuo sito. Questa è una tendenza sempre più marcata in *Anglossassolandia*, e sospetto lo diventerà sempre di più in futuro.

Personalmente, non conosco nessun autore anglosassone di successo che non abbia una mailing list. In Italia la situazione è un po' diversa. Ci sono alcuni autori che vendono bene senza utilizzare una mailing list, ma come ho già detto questo equivale a costruire la propria carriera sulle sabbie mobili. Bisogna pensare al lungo periodo. Le persone che stanno vendendo bene oggi senza dirigere i loro lettori sul loro ponte di ferro stanno sprecando un'occasione dopo l'altra. Questi autori non sanno che la parte più importante del marketing avviene DOPO la vendita.

Si dice che sia molto più *economico* mantenere un vecchio cliente che trovarne uno nuovo. Questo particolare cliché è vero. È anche più *facile* mantenere un cliente storico piuttosto che acquisirne uno nuovo. Ma solo se hai costruito un sistema che fidelizza il lettore e lo mantiene interessato alle tue opere. La verità è che molti autori pensano al rovescio: si concentrano sulla ricerca di nuovi lettori, e trascurano i lettori che hanno già pagato per i loro libri.

L'ho già detto, ma vale la pena ripeterlo: una mailing list è un'assicurazione sulla tua carriera di autore. Ignora questo fatto a tuo rischio e pericolo.

CAPITOLO 3

CHE COSA TI SERVIRÀ PER INIZIARE

Il momento migliore per creare una mailing list era *ieri*. In mancanza di quell'alternativa, la seconda opzione migliore è crearne una *oggi*.

Parlerò più in là dei diversi tipi di iscritti, e di come fare ad ottenerli. Quel che conta al momento è sapere che, idealmente, sarebbe meglio se avessi un sistema per accogliere iscritti *prima* che i tuoi libri vendano bene. Ciononostante, se sei un autore con una carriera già avviata, voglio rassicurarti. Non è troppo tardi. Non è *mai* troppo tardi.

Ho sprecato anni senza avere una mailing list. Questo significa che ho perso la possibilità di avere centinaia, forse migliaia di iscritti. Capisco che questo è stato un errore, ma non sto a sbattere la testa contro il muro. È più utile concentrarsi su quello che c'è da guadagnare nel rimboccarsi le maniche e iniziare a fare le cose per bene.

David Gaughran, un autore indipendente di spicco nel panorama internazionale, è un'altra persona che ammette di aver fatto molti errori all'inizio della sua carriera sul versante mailing list. Ci parla di molti di questi errori nella prefazione del libro *Newsletter Ninja* di Tammi Labrecque, definendoli stupidi, imbarazzanti e facilmente evitabili.

Il punto è che nessuno è perfetto. Anche se non si inizia con il piede giusto, abbiamo la possibilità di ripartire da zero.

Il primo passo è gettare delle basi solide.

David, nel suo libro *Following,* ci spiega come fare, parlando di tre componenti fondamentali da considerare nella fase di preparazione.

1) Scegli un indirizzo e-mail specifico

La prima cosa di cui avrai bisogno è un indirizzo e-mail specifico, in particolare quello che in *Anglosassolandia* viene chiamato un 'domain name e-mail address'. Ti sconsiglio fortemente di usare il tuo account Gmail per gestire una lista di iscritti. C'è una notevole probabilità che i servizi di e-mail crederanno che sei uno spammista, e t'impediranno di raggiungere i lettori.

La scelta più saggia è utilizzare un servizio di mailing list (lista di distribuzione) dedicato. David Gaughran raccomanda un domain name address di questo tipo: nome@nomeautore.com invece di autorenome@gmail.com.

È anche importante che tu scelga qualcosa di specifico come ulrick@ulrickvondowser.com invece di un'e-mail generica come info@ulrickvondowser.com. Quest'ultima alternativa è più facile che finisca nella cartella spam o promozione.

2) Usa un servizio di e-mail marketing

. . .

Questo è il servizio che ti permetterà di raccogliere gli indirizzi e-mail e di contattare i tuoi iscritti. Esistono dozzine di servizi di e-mail marketing, alcuni gratuiti e altri a pagamento. Ti parlerò in dettaglio dei tre che utilizzo per le mie diverse liste e i vantaggi (e svantaggi) di ognuno.

Alcuni dei più utilizzati da autori sono:

- MailChimp
- MailerLite
- ConvertKit
- SendFox
- SendinBlue
- ActiveCampaign
- Drip

Impiega del tempo per cercare di capire quale servizio sarà più adatto per te nel lungo termine. Puoi cambiare servizio quando vuoi, ovviamente, ma è un'operazione che richiede tempo ed energie.

Dedica alcuni giorni per valutare l'alternativa migliore per te. Ti prometto che ne varrà la pena.

3) L'importanza di autenticare il tuo dominio

Questo è il passaggio che richiederà un tipo di azione leggermente diversa a seconda del servizio di e-mail marketing che sceglierai. Scrivi su Google 'come autenticare il mio indirizzo e-mail' e troverai tutte le spiegazioni di cui hai bisogno.

Questo è un passo molto importante, ma molti autori non ne sono a conoscenza. Se lo implementi, diminuirà la possibilità che i tuoi messaggi finiscano nella cartella dello spam e aumenterà la percentuale di persone che apriranno la tua e-mail.

Cerca di attuare questo passaggio prima di mandare la prima e-mail. Non puoi autenticare un dominio se non possiedi un nome di dominio, quindi il passo precedente è molto importante per aumentare le chance che le e-mail giungano ai tuoi lettori.

CAPITOLO 4

TRE ALTERNATIVE DA CONSIDERARE

Quale servizio di e-mail marketing il migliore per te? Come avrai immaginato, non c'è una risposta giusta. A mio avviso al giorno d'oggi la maggior parte di questi servizi fanno cose molto simili. In questa sezione ti parlerò di tre alternative che ho usato per anni e che continuo a usare per gestire quattro newsletter diverse.

Ti dirò i pro e i contro di ognuna, così che tu possa decidere se una di queste alternative fa al caso tuo. Come sempre, ti invito a fare le tue ricerche, se non sei convinto dei miei suggerimenti. Non prendere *mai* per oro colato quello che dico. Testa e sperimenta. Sempre. Scopri quello che funziona meglio per *te*. Cerca su Google 'migliori piattaforme di e-mail marketing per inviare newsletter' per avere più informazioni utili al riguardo.

1) MailChimp

. . .

Questo è tra i servizi di e-mail marketing più utilizzati e conosciuti sulla piazza. È usato da blogger, piccole o medie imprese e in generale da un'ampia gamma di *content creators*. È stato uno dei primi servizi di marketing tramite posta elettronica ad offrire un piano completamente gratuito. Non solo, MailChimp ha alcuni strumenti di eCommerce ed e-mail marketing molto utili per autori.

Nel momento in cui sto scrivendo il loro piano gratuito include l'invio di un massimo di 10.000 e-mail al mese per un limite di 2.000 abbonati. Se vuoi passare a un numero illimitato di e-mail, il costo è di dieci dollari al mese. Purtroppo con questo piano il numero degli iscritti si riduce da 2.000 a 500. Personalmente non conosco molti autori italiani che abbiano più di 500 iscritti, ma è una cosa da tenere a mente.

MailChimp è il servizio di e-mail marketing più complesso che abbia usato, e si integra con più servizi sul web. Uno dei suoi svantaggi, a mio avviso, è proprio la complessità. La dashboard non è intuitiva e a volte ho impiegato parecchio tempo per trovare quello che stavo cercando. Questo potrebbe rendere un po' ostico il suo utilizzo per una persona che non ha mai gestito un servizio di e-mail marketing.

Parliamo dei punti a favore. MailChimp permette di fare molte cose diverse, come testare e-mail per vedere quale ha un maggiore tasso di consegna, creare in pochi minuti e-mail template spostando elementi e la possibilità di essere integrato con servizi online come Shopify, Squarespace e BookFunnel.

Consiglio MailChimp per autori che non hanno paura di rimboccarsi le maniche e spendere ore a capire le molte sfaccettature di questa piattaforma. Se vuoi inviare delle e-mail con un design professionale e un buon tasso di conse-

gna, questa potrebbe essere l'opzione giusta per te. Preparati
però a pagare se vuoi utilizzare tutte le sue funzionalità.

2) SendFox

SendFox è sotto molti aspetti l'opposto di MailChimp.

La dashboard è semplice e intuitiva, con poche opzioni
e un design spartano. Insomma, è un servizio che si
concentra sul mandare e-mail senza troppi fronzoli.

Questa non è l'opzione per chi sta cercando di abbellire
un'e-mail con template sgargianti, o che vuole sapere in
quale parte del mondo un'e-mail è stata aperta e cliccata alle
4 del pomeriggio. Le loro analytics (uno strumento che ti
permette di vedere come si comporta il tuo pubblico) sono
scarne, al punto che non puoi sapere molto sui tuoi lettori a
parte quanti hanno aperto e cliccato sulla tua e-mail.

Insomma, SendFox è stato ideato per essere accessibile
da chiunque volesse un servizio affidabile che può mandare
e-mail. Punto.

E questo è anche il suo vantaggio più grande, a mio
avviso. Un altro vantaggio è il suo prezzo.

Ho comprato SendFox per soli 49 dollari. Non per un
mese, ma per il resto della mia vita. Questo piano mi dà la
possibilità di avere fino a 5000 iscritti, di usare automazioni e
di usufruire di moduli compilabili personalizzabili che posso
utilizzare per creare *landing page* per i miei *reader magnet*.

Per un autore che sta iniziando e che non ha grandi
esigenze, è uno dei servizi che raccomando di più. Nel
momento in cui scrivo, la loro offerta di 49 dollari una
tantum è ancora disponibile.

· · ·

3) MailerLite

MailerLite è l'ultima delle opzioni che ho provato. È anche uno dei migliori servizi gratuiti di e-mail marketing che di recente ha guadagnato popolarità nella comunità degli autori. Questo strumento rende più facile agli utenti migliorare l'interazione con il proprio pubblico utilizzando pop-up, sondaggi e una miriade di e-mail template semplici e professionali.

Il piano gratuito ti permetterà di avere fino a 1.000 iscritti e di inviare fino a 12.000 e-mail al mese senza dover spendere un euro. Inoltre, la versione gratuita ti darà accesso a quasi tutte le caratteristiche essenziali dell'e-mail marketing. Se deciderai di comprare il piano a pagamento, potrai ottenere assistenza in live chat, controllare il CTR utilizzando una *heatmap*, o eseguire A/B testing. Tutto questo viene sbloccato per 10 dollari al mese. Se vuoi aumentare il limite di iscritti a 2.500 allora dovrai spendere 15 dollari al mese. Questi sono dei prezzi molto più ragionevoli del rivale MailChimp, che per 15 dollari al mese ti permette di avere solo una frazione degli iscritti rispetto a MailerLite.

Ci sono molte altre opzioni fornite dal piano premium, come ad esempio la possibilità di avere oltre 50 template da utilizzare per abbellire il design delle tue e-mail e la possibilità di mandare automaticamente e-mail ai tuoi iscritti basandoti sul loro fuso orario.

MailerLite può essere usato per creare *landing page* (per offrire un libro gratuito, ad esempio), per inviare sondaggi (per capire meglio i tuoi lettori) e molto altro ancora.

La dashboard è abbastanza semplice e intuitiva, anche

se non semplice come quella di SendFox ma sicuramente meno complicata di MailChimp. Imparare a usare efficacemente tutte le opzioni messe a disposizione dal piano base richiederà un po' di tempo, ma aiuta parecchio il fatto che esistono dozzine di tutorial sul web che spiegano esattamente come addentrarsi nel mondo di MailerLite.

Questo servizio di e-mail marketing è l'opzione che raccomando alla maggior parte degli autori che vogliono creare una mailing list di qualità che non costerà loro un centesimo.

CAPITOLO 5

ROMA NON È STATA
COSTRUITA IN UN GIORNO

Sono iscritto a una dozzina di newsletter di autori. Ognuna ha delle particolarità che la rendono unica. Tutte, senza nessuna eccezione, si sono guadagnate il diritto di restare nella mia casella di posta elettronica.

Fiducia. Questo è il motivo per cui rimango a bordo, invece di premere il pulsante 'disiscriviti'.

Una cosa è certa: non rimango in una mailing list a lungo, se non sono convinto di ricavarne valore. Se una newsletter non mi fa scoprire qualcosa di nuovo, o non risponde a una mia domanda, o non mi risolve un problema, clicco il pulsante per disinscrivermi senza pensarci due volte.

Anche la 'voce' del curatore è una componente importante che mi fa decidere se rimanere oppure no.

Sono convinto che i migliori curatori di newsletter sappiamo qual è il loro obiettivo ancor prima di scrivere un'e-mail, rendendo in questo modo il messaggio chiaro e diretto. Parlano di una cosa per e-mail, e molto raramente fanno più di una richiesta.

In altre parole, sanno che cosa vogliono dire, e sanno

come veicolare il messaggio in modo semplice e accattivante.

Ciò detto, non credo neanche per un secondo che la prima e-mail che hanno inviato fosse efficace quanto quelle che sto ricevendo adesso. Sono convinto che abbiano migliorato la loro capacità da copywriter nel tempo e che la loro bravura sia il risultato di mesi, forse di anni, investiti per raffinare il modo di comunicare con il loro pubblico. Avranno fatto domande, chiesto quali argomenti fossero più interessanti, e aggiustato il tiro parecchie volte prima di trovare la 'forma' che sto leggendo io.

Ti dirò di più. Alcuni di loro fanno ancora sondaggi periodici nella loro newsletter per capire che argomenti interessano il loro pubblico. Insomma, non smettono mai di servire i loro fan al meglio delle loro capacità.

Questo è il punto: non si siedono sugli allori. Si sforzano semplicemente di migliorare. Molte volte le loro e-mail saranno stati buchi nell'acqua, ma hanno perseverato. E i risultati si vedono. Ora, quando vedo un'e-mail di uno dei miei autori preferiti, mollo tutto e inizio a leggerla.

Roma non è stata costruita in un giorno. La prima e-mail che manderai alla tua newsletter non sarà la migliore, così come scommetto che il primo libro che hai scritto non è stato il migliore. Creare una newsletter interessante è un'arte che richiederà molti tentativi. Dovrai capire che cosa vuole il tuo pubblico prima di poterglielo dare.

Ma prima di coinvolgere il pubblico, è tuo compito preparare le fondamenta che sosterranno l'impalcatura della tua newsletter.

PARTE 2

COME FIDELIZZARE I LETTORI

CAPITOLO 6

LA COMPONENTE DELL'AUTENTICITÀ

Se stai leggendo questo libro *prima* di aver creato una mailing list, è mio obiettivo darti delle idee su come farla partire nel modo giusto. Se ne hai già una, ma non l'hai mai utilizzata strategicamente, ti darò delle idee su come coinvolgere il tuo pubblico.

Ogni mailing list parte da un primo iscritto. Probabilmente sarai tu stesso, visto che vorrai accertarti che le tue e-mail vadano effettivamente a finire nella tua casella di posta elettronica. Il primo (vero) iscritto è l'inizio di qualcosa di speciale. È una persona che si è presa il disturbo di darti il suo nome e il suo indirizzo e-mail! Sembra poco, ma non lo è.

Quando mando la mia e-mail di benvenuto ai nuovi iscritti faccio sapere loro che sono felice di averli a bordo. E non lo dico tanto per dire. Faccio sul serio! Per me un nuovo iscritto è più importante che vendere dieci libri, o di mille likes nella mia pagina Facebook.

Credi che stia esagerando? Credi fermamente in ogni parola che ho scritto. Se a questa persona piacciono le mie opere, potrebbe comprare il mio intero catalogo, potrebbe recensire i miei libri, o raccomandarli a un'altra persona, o a altre dieci persone. Potrei anche aver appena dato il benvenuto a un blogger o un booktuber con un seguito nutrito, o ad un lettore che divora romanzi come se non ci fosse un domani. Certo, potrebbe anche essere una persona che si disinscriverà dalla mia lista dopo aver ricevuto il *reader magnet*. Questo è il punto: non hai idea di chi si è appena iscritto alla tua newsletter, ma è tuo compito cercare di dare la giusta prima impressione.

Ti faccio un esempio. Quando entri in un ristorante, l'hostess o l'host che sta dietro al bancone è la prima persona di quell'esercizio commerciale con cui interagisci. *Quella* è la persona più importante del mondo per quel ristorante perché il modo in cui si relaziona con te influenzerà la tua prima impressione del servizio del ristorante. Se ti sorride, è disponibile e professionale, l'impressione che avrai di questo posto ancor prima di sederti è che ti trovi in un ambiente professionale e accogliente. Lo stesso vale per il modo in cui interagisci con un iscritto, *specialmente* all'inizio. Parlerò più avanti dell'importanza di creare un'e-mail di Benvenuto con la 'B' maiuscola. Per ora ricorda di trattare chiunque si iscrive con rispetto. Fai sapere che la sua fiducia è importante. Non puoi controllare quello che faranno i tuoi iscritti. Ma puoi sorridere, essere professionale, e sapere di aver fatto del tuo meglio per farli sentire a casa.

Voglio che tu ti ponga delle domande. Non devi avere una risposta per ogni punto interrogativo che seguirà, ma inizia a pensarci sopra. Ti prometto che questo esercizio pagherà dividendi in futuro.

Che tipo di newsletter vuoi curare? Informativa? Una con tono giocoso? Semplice e professionale? Di cosa parlerai? Quante volte? Una volta al mese? Di meno? Parlerai solo dei tuoi lavori, o anche di cose che ti interessano? Condividerai informazioni personali su di te, oppure tratterai solo dei tuoi lavori?

Non ci sono risposte giuste e sbagliate, ma c'è un consiglio che posso darti mentre pensi a come rispondere: la migliore risposta parte sempre e solo da *te*. Che tipo di persona sei? Ti ci vedi a mandare un'e-mail per condividere una foto della colazione del tuo gatto mentre accenni all'uscita del tuo nuovo fantasy storico? Sei qualcuno a cui piace muovere le dita sulla tastiera, che ha sempre qualcosa di interessante da dire, magari un'ultima scoperta impensabile nel campo dell'informatica derivata da una delle tue ricerche, o una curiosità che hai visto su Discovery Channel che ti ha fatto aggiungere un intero capitolo nel tuo nuovo spy thriller?

Guardati allo specchio e rispondi alla domanda: *chi sono?*

Non c'è niente di esistenziale in quella domanda. È solo un modo per capire che tipo di newsletter pubblicherai. Con il passare del tempo potrai decidere di apportare dei cambiamenti alla cadenza e al contenuto, se crederai che serva meglio il tuo pubblico.

Non ci sono regole incise nella pietra. C'è solo quello che funziona meglio per il tuo caso specifico.

Prendi me come esempio. Al sottoscritto non piacciono le formalità. Preferisco il 'tu' al 'lei', e cerco sempre di essere più inclusivo possibile nei miei messaggi. Sono una persona introversa, ma ho i miei modi per interagire con il pubblico. Non uso molto i social. Preferisco il contatto diretto che mi dà una newsletter piuttosto che un post su Facebook o su Instagram.

Queste poche informazioni plasmano il modo in cui interagisco con i miei iscritti. Sono anche una parte del mio brand. Sono il modo in cui faccio self-publishing. Ci sono *io* dietro queste parole.

Ed è proprio questo il punto. Sii autentico nel modo in cui comunichi con i tuoi iscritti. Si noterà nei tuoi messaggi.

CAPITOLO 7

COME COSTRUIRE
L'IMPALCATURA

Mentre pensi al tipo di newsletter che pubblicherai, devi scegliere il servizio di e-mail marketing che ti farà raggiungere i tuoi iscritti.

Nella prima parte di questo libro te ne ho presentati tre, ma non vuol dire che devi scegliere uno di quelli e considerarti soddisfatto. Niente affatto. Come ho già detto più volte è tua responsabilità fare delle ricerche. Cerca di capire qual è il servizio migliore per te. Se non devi mandare un numero spropositato di e-mail al giorno e stai cercando un'opzione dove l'assistenza è tutta in italiano ed è efficiente, Sendinblue potrebbe fare al caso tuo. Se invece vuoi creare delle e-mail con un design spettacolare per far emergere il tuo brand dalla massa, Flodesk potrebbe essere la risposta a tutti i tuoi problemi.

Ci sono dozzine di servizi come questi là fuori, ognuno con pro e contro. La morale della favola è che nessuno può fare questa scelta per te.

Una volta scelto il servizio (e aver autenticato il tuo nome di dominio) si tratterà di passare ai fatti. Questo è il momento in cui crei un pagina web (la famosa *landing page'* di cui ti ho già accennato) dove le persone possono iscriversi alla tua mailing list. Idealmente questa è una parte integrante del tuo sito, ma non è necessario gestire un sito per creare questo punto di accesso.

Tutti i servizi di e-mail marketing che ho discusso hanno la possibilità di creare e personalizzare una *landing page*. Tieni presente che, a seconda del paese in cui vivi, potrebbero esserci dei requisiti legali da soddisfare prima di poter accumulare iscritti, vedi, ad esempio, la normativa GDPR (regolamento generale sulla protezione dei dati).

Parliamo proprio della *landing page*. Che cosa dovrebbe includere?

Una sola cosa: un'offerta che spinga a iscriversi. Questo è *molto* importante. La pagina deve essere priva di fronzoli. Deve andare dritta al punto. Se stai offrendo un libro, puoi includere la copertina e magari una frase a effetto. Ma non strafare. Sii semplice e conciso. Poi ci saranno i campi da compilare (puoi decidere tu quali campi inserire; nel mio caso mi accontento del nome dell'iscritto e della sua e-mail).

L'unica azione ovvia dovrebbe essere quella di compilare i campi e iscriversi. Più elementi ci sono, più è probabile che il potenziale iscritto si distragga e vada a fare qualcos'altro.

Questa è l'ultima cosa che vuoi che succeda.

Parliamo proprio del potenziale iscritto. Per quale motivo dovrebbe compilare quei campi?

Devi dargli un motivo per iscriversi. Più è allettante il motivo, maggiori sono le possibilità che entri a far parte del tuo circolo di fedelissimi.

Sei a corto di idee? Non sai che cosa potresti offrire? Ecco alcune idee che potrebbero illuminarti d'immenso.

1. Se hai scritto una serie, puoi offrire una novella

esclusiva che racconta di un personaggio apparso in uno dei libri. In questo modo, chi si iscriverà sarà con tutta probabilità un tuo fan che conosce già la storia, non una persona che sta cercando un libro gratis.

2. Il primo libro di una serie. Molti autori non farebbero mai una cosa del genere perché anche solo l'idea di dare un libro gratis li fa impallidire. Ma ci sono dei vantaggi in questa strategia. Se il lettore è interessato a continuare la storia rimarrà nella tua mailing list e magari comprerà anche i libri successivi, generando in questo modo vendite nel tuo catalogo. Questa è una strategia che ha utilizzato per anni Lindsay Buroker, una delle scrittrici indipendenti di fantasy e fantascienza più conosciute al mondo.

3. La *backstory* di un personaggio, oppure scene eliminate.

4. Finali alternativi.

5. Un audiobook gratuito (puoi usare BookFunnel o Authors Direct per regalarli).

6. Se scrivi romance, potresti regalare un epilogo. Sono molto comuni nel genere e molti autori affermano che funzionano bene.

7. Materiale derivato dal *worldbuilding*. Utile specialmente se scrivi fantascienza e fantasy. Pensa a mappe, schede di personaggi, schematiche di navi spaziali, illustrazioni, ecc.

8. Sconti esclusivi. Questo non è il più allettante della lista, ma è meglio di niente. In questo caso, potresti promettere ai potenziali iscritti che offrirai i tuoi lavori a prezzo scontato. Questo potrebbe invogliare qualcuno a entrare nella tua

cerchia, ma al tempo stesso ti costringerebbe a scontare in maniera perpetua i tuoi lavori ai tuoi iscritti.

Queste sono solo alcune idee. Per avere altri spunti, basta che pedini... voglio dire, *segui* i tuoi colleghi autori per vedere che cosa stanno facendo.

Scrivi saggistica? Non preoccuparti, non mi sono dimenticato di te! E ho una buona notizia. Se scrivi non-fiction, hai molte più alternative a tua disposizione. Eccone alcune:

- Video/tutorial.
- Corsi.
- Spreedsheet.
- Libri gratuiti.
- Guide.
- Checklist.
- Schede tecniche.
- Foglietti illustrativi.
- Software gratuiti.
- Webinar esclusivi.

Le scelte, come si suol dire, sono limitate solo dalla tua immaginazione.

Qualsiasi cosa decida, sappi che puoi sempre cambiare se vedi che un *reader magnet* non sta funzionando come speravi. Anche io ho iniziato promettendo ai miei iscritti qualcosa di vago e intangibile come 'aggiornamenti e sconti esclusivi' e sono poi passato a regalare delle storie brevi, delle novelle o delle guide. La differenza in termine di iscritti è stata marcata.

La tua offerta può e dovrebbe evolversi man mano che

accumuli esperienza (e libri). Più storie scriverai, più ti accorgerai di avere alternative e possibilità che non ti saresti mai potuto immaginare.

Va bene. Ora che hai creato una *landing page* in giacca e cravatta e un'offerta più allettante di un ventilatore gratis ad agosto, avrai bisogno di indirizzare del traffico.

Ancora una volta, assicurati che il tuo sistema di iscrizione funzioni (ti consiglio di fare una prova chiedendo a uno o due amici di provare a iscriversi). Non posso dirti quanto sia frustrante cercare di iscriversi a una newsletter e avere come risposta: 'Qualcosa è andato storto. Non siamo riusciti a iscriverti.' Questo mi è successo qualche giorno fa, quando ho cercato di iscrivermi per ben due volte alla newsletter di una nota autrice indipendente.

Torniamo alla tua offerta. È molto importante che, qualsiasi cosa tu stia promettendo, vada a finire anche nei tuoi libri, specificatamente nella *front* e *back matter*. Il link alla *landing page* dovrebbe essere messo in una pagina dedicata prima dell'inizio del libro e subito dopo la fine della tua opera. Se stai offrendo un libro o una novella, ti consiglio di includere un'immagine tridimensionale della copertina. Converte meglio del semplice testo.

Se sei un autore di non-fiction, hai più opzioni. Pensa ai canali che utilizzi per promuovere il tuo business. Ti faccio un esempio. Sul versante non-fiction ho un seguito nutrito su Youtube, quindi ho messo un link nella descrizione dei miei video a un *reader magnet* chiamato *Autoeditoria Digitale*. Con il passare dei mesi, quel link ha generato diversi iscritti in modo passivo.

Considera anche di condividere il link della *landing page* sui social. Il tuo scopo è quello di far vedere la tua offerta al numero maggiore di *follower* potenzialmente interessati a diventare iscritti.

Come avrai capito, la buona notizia è che, una volta che questo sistema è messo in piedi, lavorerà per te mentre dormi. Magari all'inizio non avrai molti iscritti. Non importa. Quello che conta è preparare l'autostrada per il momento in cui arriverà il traffico.

CAPITOLO 8

COME GESTIRE L'INVIO DEL READER MAGNET CON BOOKFUNNEL

Avrai bisogno di un metodo sicuro e affidabile per mettere a disposizione il tuo *reader magnet*, e a mio avviso non esiste servizio migliore per farlo di BookFunnel.

Che cos'è BookFunnel? Il loro sito internet lo definisce come: *"un servizio per autori specializzato nella distribuzione di ebook e audiobook, nell'invio di ARC e nella creazione di strumenti che fanno risparmiare agli autori indipendenti tempo e sanità mentale."*

Concordo con ogni parola, soprattutto con la parte sulla sanità mentale. Ho usato questo servizio per oltre due anni ed è senza ombra di dubbio uno dei migliori acquisti che abbia fatto per la mia carriera di autoeditore. Nel momento in cui sto scrivendo ho quattro reader magnet; tre novelle fiction e una guida di non-fiction. In totale, hanno generato centinaia di download, ognuno dei quali si è tradotto in un iscritto in una delle mie liste.

BookFunnel non permette soltanto ai tuoi iscritti di scaricare il *reader magnet* nel formato che preferiscono. Il piano base (che costa venti dollari l'anno), infatti, ti dà la possibilità di accedere a promozioni con altri autori e di

vendere direttamente i tuoi libri attraverso la loro piattaforma. Voglio precisare che nel momento in cui scrivo la
stragrande maggioranza di tali autori sono anglofoni.

A seconda delle tue esigenze puoi decidere quale piano
sia il più adatto per te. BookFunnel è un piccolo investi-
mento che ti consiglio caldamente di fare. Ti risparmierà un
mucchio di tempo e ti permetterà di dare all'iscritto un'esperienza davvero professionale. Ti ricordi quanto ti parlavo
dell'importanza di una buona prima impressione? Se per
qualsiasi ragione uno di loro non dovesse riuscire a scaricare
il tuo libro sul suo Kindle vecchio di un decennio, sono i
ragazzi di BookFunnel a risolvere il problema per te!

BookFunnel ti permetterà di creare una *landing page*
con un link specifico per il tuo *reader magnet*, che potrai
personalizzare come preferisci. L'elemento più importante
di questa pagina è ovviamente il pulsante che permette all'i-
scritto di scaricare il libro.

Quando avrai creato la *landing page*, potrai incollare il
link sull'e-mail di benvenuto, permettendo così alle persone
di scaricare la tua opera nel formato che preferiscono.

Così come la *landing page* che hai creato con il tuo
servizio di e-mail marketing, una volta impostato il *reader
magnet* su BookFunnel, il sistema è pronto per accogliere il
tuo prossimo iscritto senza che tu debba alzare un dito.

CAPITOLO 9

DIFFERENZA TRA ISCRITTI ORGANICI E ACQUISITI

Ho parlato molto di iscritti, ma c'è un'importante differenza da fare al riguardo. Esistono infatti due tipologie di iscritti: organici e acquisiti.

I primi sono il frutto di un'iscrizione spontanea. Per esempio, un lettore che si è iscritto dalla *back matter* di un tuo libro è a tutti gli effetti un iscritto organico. Queste persone sanno già chi sei, e con tutta probabilità hanno già letto un tuo lavoro. Si accumulano nel tempo, man mano che vendi libri (ovviamente devi inserire una *call to action* apposita).

È chiaro che se stai vendendo pochi libri non ne arriveranno molti, ma anche solo cinque o sei iscritti al mese possono fare tutta la differenza del mondo nel lungo periodo.

Parliamo di iscritti acquisiti (in *Anglosassolandia* noti come 'non-organic subscribers'). Queste sono persone che si iscrivono in modo 'artificiale', se così si può dire. Sono potenziali clienti che incentivi ad iscriversi in modo più attivo.

Gli iscritti acquisiti non conoscono i tuoi libri, e non sanno chi sei. Sono clienti 'freddi' ('cold', per usare il gergo del marketing). Sarà tuo compito convertirli in fan dei tuoi lavori.

Per ora ti basti sapere che questo tipo di iscritti vengono generalmente da *giveaway* che fai con altri autori e da campagne pubblicitarie che puoi creare con Facebook.

Poco fa ho nominato BookFunnel. Ebbene, diversi autori possono unire le forze e utilizzare questo servizio per creare *giveaway*, ovvero delle offerte in cui ognuno mette a disposizione un libro gratuito e lo fa sapere alla propria mailing list. Questo fa in modo che sulla pagina del *giveaway* vengano indirizzate centinaia se non migliaia di persone provenienti dalle liste di ognuno degli autori che hanno contribuito con un libro. Per scaricare un'opera, la persona deve iscriversi alla lista dell'autore.

Ci sono anche autori che sono disposti a pagare per aumentare il numero di iscritti nella loro lista. Facebook è uno dei modi che utilizzano, creando un annuncio che indirizza traffico su una *landing page* che contiene il *reader magnet*.

Il vantaggio principale che portano gli iscritti acquisiti è quello della quantità. Puoi ottenere centinaia di iscritti acquisiti nel tempo che ci vuole per ottenere un pugno di iscritti organici. Il lato negativo è che puoi accumulare una percentuale significativa di persone non realmente interessate alle tue opere.

Almeno all'inizio, dovrai trattare in modo diverso i tuoi contatti organici e acquisiti. La ragione è semplice: sono due tipi di iscritti che necessitano di un trattamento particolare. Ti parlerò più avanti di come fare, quando introdurrò il concetto di automazioni.

CAPITOLO 10

L'E-MAIL DI BENVENUTO: IL PRIMO APPUNTAMENTO CON I TUOI ISCRITTI

Subito dopo aver mandato il *reader magnet*, è importante che ti presenti al tuo pubblico. Questo non vuol dire che dovresti dare loro il tuo curriculum vitae. Ho già parlato dell'importanza delle aspettative e dell'autenticità. Essere te stesso e farlo trasparire nelle tue parole ti aiuta a creare un legame con i tuoi iscritti.

Il testo che segue è l'e-mail di benvenuto che mando ai miei lettori italiani di fantasy e di fantascienza:

Ciao {nome dell'iscritto},

Sto stappando una bottiglia di champagne mentre ti scrivo questa e-mail. Ogni nuovo iscritto alla mia newsletter merita un festeggiamento!

In questa e-mail voglio dirti chi è Michele Amitrani, a parte qualcuno a cui piace parlare di se stesso in terza persona. :D

Sono nato in una stazione spaziale orbitante attorno all'ultima luna di un pianeta gassoso. O almeno questo è quello che mi piace ripetermi.

Purtroppo il mio passaporto contraddice questa versione. Afferma piuttosto freddamente che sono nato in Italia una trentina di anni fa e che ho viaggiato per un po' prima di stabilirmi nella patria dello sciroppo d'acero (anche nota come Canada :D).

Che tu creda alla prima o alla seconda versione dei fatti ciò che conta è che sono un autore a cui piace raccontare storie fantastiche. Scrivo libri fantasy e di fantascienza e qualsiasi cosa ci sia nel mezzo, nei bordi, e nelle vicinanze.

Per saperne di più sul sottoscritto puoi visitare il mio sito internet dove scoprirai anche che allevo draghi e cerco (senza molto successo) di imparare come padroneggiare la Forza.

VISITA IL MIO SITO (link cliccabile)

Ora che fai parte della mia mailing list sarai tra i primi a sapere delle mie nuove uscite e di esclusive offerte promozionali. Tratto la tua fiducia con rispetto e spero davvero che le mie storie ti facciano buona compagnia.

Se gironzoli su Facebook, vieni a trovarmi nella mia pagina ufficiale di autore.

VISITA LA MIA PAGINA FACEBOOK (link cliccabile)

Sentiti anche libero di rispondere a questa e-mail scrivendo a hello@micheleamitrani.com. Rispondo personalmente a tutti i messaggi e mi piace moltissimo farlo.

Alla prossima storia!

Michele

P.S. Assicurati di inserire tra i tuoi contatti il mio indirizzo e-mail, hello@micheleamitrani.com, per evitare che ti perda le cose belle a cui hanno accesso solo gli iscritti alla mia newsletter. :)

. . .

Questo sono io. È il modo in cui parlerei ad una persona che si è presa il disturbo di sapere di più su di me e sulle mie opere. Nell'e-mail che hai letto, il mio obiettivo è quello di presentarmi ad un nuovo iscritto. NON voglio vendergli dei libri. Ci saranno altre occasioni per fargli sapere del mio catalogo o di nuove uscite. Voglio solo che l'iscritto scopra di più su di me, motivo per cui metto un link al mio sito internet e alla mia pagina Facebook, dove può farsi un'idea migliore di chi sono.

Ti consiglio di mettere dei link (due o tre massimo) nella tua e-mail di benvenuto, oppure di fare una domanda ai tuoi nuovi contatti, così da favorire un'interazione e aumentare il tuo tasso di consegna. Quello dell'interazione è un fattore importante per la longevità della tua mailing list e ne parlerò in dettaglio nella terza parte del libro.

Nell'e-mail di benvenuto consiglio all'iscritto di inserire il mio indirizzo tra i suoi contatti, impedendo in questo modo che le mie future e-mail finiscano nella sua cartella spam. Puoi anche mettere un link che spiega loro come fare. Ci sono diversi articoli utili al riguardo. Scrivi su Google: 'Cos'è la Whitelisting?' oppure 'Come inserire un indirizzo e-mail nella Whitelist' per saperne di più.

Tieni presente che non esiste un modo giusto e uno sbagliato di presentarsi al tuo pubblico. Questa è la *tua* e-mail di benvenuto, quindi sii te stesso. Conosco autori che usano questa prima e-mail come occasione per far sapere agli iscritti con quale cadenza gli scriveranno. Altri mandano foto dei loro cani o gatti. Tutto questo va bene, nel senso che stai costruendo delle aspettative nel tuo pubblico fin da subito. Gli stai facendo capire chi sei e come gestirai la tua e-mail. Insomma, lo stai facendo sentire parte di un gruppo coeso e curato.

Quello che non è accettabile è che un iscritto entri a far

parte della tua e-mail e non riceva un singolo messaggio, se non quando verrà il momento di vendergli uno dei tuoi libri. Questo non è solo un atteggiamento sconsiderato, è anche *scostumato*. Il tuo obiettivo è dare l'impressione giusta ai nuovi iscritti. Fai vedere che rispetti il loro interesse e che la loro fiducia nei tuoi confronti non è stata mal riposta.

CAPITOLO 11

AUTOMAZIONE: COME INTRODURRE IL TUO CATALOGO AI NUOVI ISCRITTI

Le automazioni sono delle e-mail automatiche che vengono inviate in determinati intervalli di tempo o come risposta ad una certa azione (o alla *mancanza* di un'azione) da parte del tuo iscritto.

Ti faccio un esempio. Puoi impostare il tuo servizio di e-mail marketing per fare in modo che, settantadue ore dopo che un iscritto ha ricevuto la tua e-mail di benvenuto, gli venga mandata un'altra e-mail in cui gli presenti il tuo catalogo. Oppure che riceva quel messaggio soltanto se ha cliccato su un particolare link nell'e-mail di benvenuto. Puoi anche fare in modo che un tuo contatto riceva una sequenza specifica di e-mail basata sulle sue azioni. Diciamo che scrivi sia romanzi thriller che di fantascienza. Se una persona clicca su un link che lo porta alla pagina del tuo sito dedicata a tutti i thriller che hai scritto, potresti decidere d'impostare un'automazione in cui tutti gli iscritti che vanno a vedere quella pagina ricevano dopo un paio di giorni un messaggio speciale che ricordi loro dei tuoi thriller. Ti ricorda qualcosa? Amazon usa un sistema simile per ricordare ai suoi clienti gli articoli che stavano valutando, ma che non hanno mai comprato.

Insomma, con le automazioni le possibilità sono quasi infinite.

Avrai capito che le e-mail automatiche sono utili specialmente se hai un catalogo vasto che vuoi presentare lentamente ai tuoi lettori.

Se per esempio hai già pubblicato due serie di quattro libri ciascuna, potresti creare delle e-mail automatiche che introducono gradualmente il lettore a questi lavori.

Non puoi dare per scontato che le persone che si iscriveranno alla tua newsletter abbiano letto tutti i tuoi libri (o che perfino sappiano che esistono!), quindi dovrebbe essere tua premura presentare loro i lavori che hai già pubblicato. Ovviamente senza intasare la loro casella di posta elettronica. Un'email per serie è più che sufficiente.

Sei libero di creare l'e-mail che preferisci, ma, invece di cercare di vendere qualcosa, racconta una storia o parla di un evento che ti ha portato a scrivere un certo libro. Parla delle difficoltà che ha causato, se vuoi, e delle gioie che hai provato quando sei riuscito a premere il tasto 'pubblica'.

Per questo motivo, sconsiglio di creare un messaggio che suoni come questo:

TITOLO DELL'E-MAIL: {Inserisci Nome Serie}

Ciao,
Forse non lo sai ma ho scritto la serie {inserisci nome serie}. Comprala a questo link!
LINK PER COMPRARE LA SERIE
A presto!

. . .

Invitante quanto del latte scaduto da un mese. Purtroppo l'ho visto fare.

Dedica un po' di tempo a creare un'e-mail che abbia il tuo marchio di fabbrica, che faccia capire di che cosa tratta il tuo libro e del perché potrebbe interessare il lettore. Che cosa ha il tuo iscritto da guadagnare nel comprarlo?

Ti propongo un altro esempio, questa volta di un'automazione che introduce un iscritto ad una mia serie di fantascienza:

TITOLO DELL'E-MAIL: *Ti piace Asimov, Clarke o Scott Card? Prova {nome della mia serie}*

Ciao {Nome iscritto},

Ci sono storie che rimangono con noi molto tempo dopo aver finito di leggere l'ultima pagina. Storie che ci appassionano, che ci fanno sognare. Storie che raccontano una verità difficile da digerire, ma non per questo meno affascinante.

*Ho avuto la fortuna d'imbattermi in molte di queste storie nella mia vita di lettore. Il ciclo della **Fondazione di Asimov** è un ricordo imperituro del collasso di un impero, e dei molti pericoli che rappresenta la ricerca incessante del potere.*

***Il gioco di Ender**, invece, è a mio avviso un ritratto complesso e variegato che ci fa riflettere su che cosa significa essere diversi, di come possiamo scegliere se questa diversità può rappresentare dolore e privazione o una possibilità di fare del bene.*

Ho sempre rispettato Isaac Asimov, Orson Scott Card e

altri scrittori di fantascienza come Arthur C. Clarke per la loro capacità di farmi appassionare ma anche di farmi pensare.

Nel mio piccolo anche io ho provato a trasmettere qualcosa nelle mie storie di fantascienza. La mia serie {nome serie}, ad esempio, è un tributo ai romanzi della grande fantascienza che ho letto fin da piccolo, quegli stessi racconti con il potere di farmi fermare all'ultima pagina e dire: "Vorrei aver scritto una storia del genere."

Molti dei lettori che si sono imbattuti nella mia serie in questi ultimi anni si sono presi il disturbo di farmi sapere che cosa ne pensavano. Sono convinto che i loro pareri mi abbiano fatto crescere come autore.

Non sono Asimov, Clarke, o Card. Neanche lontanamente. Ma se ti piace la fantascienza mi farebbe piacere sapere che cosa pensi della mia serie.

Puoi trovare la serie a questo link.

{Inserisci link}

Ci vediamo alla prossima storia!

Michele

Ancora una volta, questo è il modo in cui io l'ho fatto, non significa che debba essere il modo in cui presenti il tuo catalogo, ma spero di averti dato delle idee su cui poter riflettere.

Le automazioni sono utili per iscritti organici, ma anche e soprattutto per gli iscritti che hai acquisito tramite le inserzioni pubblicitarie su Facebook. Queste persone non sanno chi sei. È doppiamente importante che li introduca ai tuoi lavori. Una serie di e-mail automatiche è utile per far sì che completi sconosciuti familiarizzino con il tuo catalogo, e renderli nel tempo dei fan.

CAPITOLO 12

SEGMENTAZIONE: COME ORGANIZZARE GLI ISCRITTI E MANTENERE UNA MAILING LIST ORDINATA

La segmentazione è la divisione dei tuoi iscritti in gruppi basati su criteri che sei tu a stabilire. È una strategia usata per personalizzare il modo in cui mandi e-mail ai tuoi lettori in base alle loro preferenze, posizione geografica e molto altro ancora. Puoi creare segmenti della tua mailing list così da poter soddisfare gli interessi specifici di diversi gruppi di lettori, piuttosto che creare un messaggio di massa per tutti.

Diciamo che scrivi fantascienza e fantasy. Segmentando il tuo pubblico, puoi fare in modo che solo lettori interessati alla fantascienza ricevano il messaggio relativo all'uscita della tua ultima *space opera*, senza disturbare i lettori del fantasy, che sono chiaramente interessati solamente alla tua serie *epic fantasy*.

Le segmentazioni sono una tecnica che ti propongo perché è giusto che la conosca. Ti tornerà utile se in futuro avrai delle esigenze che richiederanno di dividere i tuoi iscritti.

Anche se le automazioni possono farti risparmiare tempo quando introduci gli iscritti al tuo catalogo o li fai familiarizzare con aspetti della tua vita di autore, è anche vero che nel tempo possono risultare impersonali, se non stai segmentando la tua lista per bene.

Non tutti gli iscritti sono creati uguali. Sai già che un contatto acquisito da un annuncio su Facebook sarà diverso da qualcuno che ha comprato un tuo libro, a cui è piaciuto e che ti è venuto a cercare sul tuo sito internet.

Non puoi trattare gli iscritti organici e quelli acquisiti nello stesso modo. Ma questo vale anche se scrivi diverse serie o diversi generi. Più sei specifico nei tuoi messaggi, meglio sarà per te. Le persone che si sono iscritte perché hanno adorato il tuo *paranormal romance* potrebbero non essere interessate al tuo nuovo *urban fantasy*.

Questo è il motivo per cui dovresti dividere la tua lista, specialmente se hai un pubblico nutrito. Per segmentare una lista tutto quello che devi fare è assegnare una tag, o un attributo, ai tuoi iscritti.

Per esempio, potresti inserire nel tuo modulo d'iscrizione un campo nascosto per definire la provenienza del lettore. È nel tuo interesse sapere se un iscritto viene dalla *back matter* della serie A rispetto a quella della serie D, da BookFunnel, dal tuo sito internet o da un annuncio di Facebook che hai creato un mese fa.

Puoi fare cose molto specifiche con la segmentazione, inviando sondaggi ai lettori o domande per capire meglio il tuo pubblico. Potresti fare in modo che un'e-mail chieda ai lettori che hanno letto una delle tue serie qualcosa del genere: "Che cosa ti è piaciuto in questa serie?" Oppure: "Se trovassi il tempo di pubblicare una novella, su quale personaggio vorresti che fosse incentrata?" Potresti creare un sondaggio (MailerLite ti permette di farlo) e vedere quale alternativa viene cliccata di più. Questo non solo aumenta l'interazione con il tuo pubblico, ma lo fa anche sentire parte del tuo processo di scrittura. I lettori apprezzano l'essere inclusi nella tua vita di autore, e li fa sentire parte di qualcosa più grande di loro.

CAPITOLO 13

COME TRASFORMARE LE TUE PAROLE IN UN MAGNETE PER LETTORI

Ho scritto centinaia di e-mail nella mia carriera di autore. In questi anni, ho imparato una verità importante: non è facile scrivere un messaggio che spinga una persona a compiere un'azione.

E sta diventando sempre *meno* facile.

Il lettore medio è iscritto a diverse newsletter di organizzazioni, enti, società, compagnie e individui. La sua casella di posta elettronica è sotto costante assedio. Solo una piccola percentuale di questi messaggi verrà aperta e una frazione ancora minore sarà letta fino alla fine.

Il problema deriva da una scarsità di attenzione e di tempo, che come ho già detto sono le risorse più rare e preziose del ventunesimo secolo.

Ti chiederai dove voglio andare a parare con tutto questo. Semplice: le tue e-mail sono un po' come i tuoi libri. Ce ne sono milioni lì fuori. Il tuo compito è scrivere qualcosa che i tuoi iscritti vorranno leggere nel pantano sempre crescente di messaggi che ricevono.

La buona notizia è che possiedi già alcuni elementi che

ti aiuteranno ad emergere dalla massa. Altre cose, invece, dovrai acquisirle con il tempo.

Parliamo delle cose che possiedi.

Tu sei uno scrittore. Hai un grado di dimestichezza con le parole sopra la media. Le usi tutti i giorni per forgiare le tue storie. Se pubblichi non-fiction, il tuo lavoro è pubblicare libri che rispondono a dei quesiti o risolvono dei problemi.

Quando scrivi un'e-mail, ricordati di questo: che cosa ha da guadagnare un iscritto leggendo questo messaggio? Se la risposta è 'nulla', allora è meglio non scrivere niente. Devi capire una verità importante: queste e-mail non riguardano te. Riguardano *loro*. Fai in modo di servire il loro interesse prima del tuo. Dai sempre più di quanto chiedi. Non scordarti mai che ci sono delle persone dietro quegli indirizzi e-mail.

E, visto che stiamo parlando di 'persone', questo mi fa pensare al secondo vantaggio che hai sulla concorrenza. Non sei una grande compagnia che bombarda l'iscritto con messaggi pubblicitari freddi e impersonali il cui unico scopo è spremerli come limoni. Sei un individuo con un volto e una storia. Questo è un vantaggio non indifferente. Credimi.

Usa la componente umana per creare un legame con il tuo pubblico. Non sto dicendo che devi fingere di essere una persona che non sei per apparire interessante. Sii te stesso. Sì, lo so che l'ho ripetuto già cento volte, ma *repetita iuvant*. Questo ti distinguerà dal 99% dei messaggi che affollano le caselle di posta elettronica.

Ora veniamo alle cose che probabilmente non avrai: conoscenze da copywriter.

Scrivere un'e-mail che convinca una persona a fare qualcosa (come fare clic su un link o rispondere a una domanda) richiede un'abilità diversa rispetto a scrivere una trama complessa o un personaggio a tutto tondo. Se sei un autore di non-fiction, capirai di che cosa sto parlando.

Benvenuto nel mondo del copywriting.

Un copywriter (che sappia quello che sta facendo) è un professionista che comunica efficacemente attraverso l'uso delle parole. Il suo obiettivo è vendere qualcosa attraverso un messaggio che persuade. Attenzione! Non voglio dire che vende *qualsiasi* cosa a chiunque. Quello non è un copywriter professionista, è un venditore di fumo. E la gente è stanca di venditori di fumo.

Il copywriter professionista non usa il marketing per vendere indiscriminatamente, ma piuttosto per far trovare ad una persona qualcosa di cui ha bisogno.

Io non sono un copywriter, ma mi rendo conto dell'importanza di questa componente quando scrivo un'e-mail. Per questo motivo ho impiegato l'ultimo anno e mezzo a raffinare questa abilità, e a implementarla nei messaggi che mando ai miei iscritti.

So che cosa stai pensando. Un'altra cosa da imparare! Finirà mai questa storia?

La risposta è 'no'. Specialmente se sei un autore indipendente. Tu sei il proprietario di un business, e un business deve vendere dei prodotti o dei servizi per sopravvivere. Il copywriting è uno dei modi in cui puoi distinguerti dalla concorrenza, e aumentare le tue chance di sopravvivere.

Questo non è un libro su come vendere libri, ma la tua mailing list è uno dei bacini di lettori dai quali attingerai quando si tratterà di vendere un tuo romanzo o un corso online. Non puoi semplicemente mandare un'e-mail e chiedere ai tuoi iscritti di comprare quello che crei. Devi fornire loro qualcosa di cui hanno bisogno e devi dargli una ragione per cliccare.

Robert J. Ryan ha scritto un libro proprio su questo argomento. Si chiama *Sales Copy Unleashed* e te lo raccomando se vuoi esplorare meglio il complesso argomento del copywriting per gli autori.

In *Destinazione Mailing List* ti parlerò di alcune cose che ho imparato leggendo i consigli di Robert e di altri esperti nel campo, ma sarà solo la punta dell'iceberg. È tuo compito indagare più a fondo.

Torniamo a noi.

Come si fa a catturare l'interesse degli iscritti? Perché alcune e-mail vengono aperte mentre altre finiscono nel dimenticatoio?

La risposta è meno semplice di quello che pensi.

CAPITOLO 14

L'IMPORTANZA DEL TITOLO

Iniziamo dal principio.

Il titolo dell'e-mail (anche detto 'oggetto' di una e-mail) dovrebbe essere l'aspetto su cui ti concentri di più per attirare l'attenzione del pubblico. Ricorda: così come un eccellente libro con una copertina mediocre non verrà mai letto, allo stesso modo l'e-mail migliore del mondo non verrà aperta se l'oggetto della stessa non cattura l'attenzione.

È stato stimato che il 35% dei destinatari di e-mail le apre basandosi solo ed esclusivamente sull'oggetto. Interessante, non è vero? Quella semplice riga iniziale è la porta di accesso all'attenzione del lettore.

Fatti queste domande, quando guardi alla tua e-mail. È abbastanza coinvolgente? Troppo lunga? Troppo corta? Usa le parole giuste?

Ma, prima che l'iscritto possa cliccare sul titolo, avrai bisogno che l'e-mail non finisca nella cartella spam.

Parliamo di parole da utilizzare, o meglio, da *non* utilizzare.

Quando scrivi il titolo dell'e-mail, ci sono dei termini che dovresti evitare quanto l'ultima serie del *Trono di*

Spade. Queste parole cambiano con il tempo, quindi ti consiglio di cercare su Google qualcosa del genere: "Trigger Words per combattere lo SPAM" o "spam triggers 2022" o qualsiasi sia l'anno di riferimento.

Le cosiddette 'trigger words' sono termini da evitare perché incrementano le probabilità che la tua e-mail possa finire nella casella di spam. Quelli che seguono sono alcuni esempi, ma ce ne sono molti di più:

- Clicca
- Acquista direttamente
- Ordina
- Vendita
- Questo non è spam
- Prezzo
- Offerta
- Discount
- Cash

Anche simboli come '$' oppure '%' possono attivare i filtri antispam.

Non potrai sempre controllare questa variabile, ma evitando *spam trigger* darai più possibilità ai tuoi iscritti di leggere l'e-mail.

Questi sono alcuni esempi di cosa dovrebbe essere *evitato* nell'oggetto dell'e-mail. Ma che cosa dovremmo dire? In *Sales Copy Unleashed*, Robert suggerisce di suscitare l'attenzione del lettore. L'oggetto dell'e-mail potrebbe essere una domanda diretta, una dichiarazione o una constatazione di fatto.

In fin dei conti, aprire un'e-mail è anche una questione di fiducia. Noti che l'e-mail viene da una fonte fidata? Clic. E-mail aperta!

I ragazzi di Inkers Con hanno creato un'interessante risorsa intitolata 'Subject Lines For Authors', in cui danno alcuni esempi di oggetti di e-mail che gli autori possono usare in diverse occasioni. Ti propongo alcuni esempi qui sotto.

1) Crea urgenza

Si può approfittare di titoli che creano urgenza o scarsità. Parole come 'importante' e 'urgente' aumentano i tassi di apertura delle e-mail. Alcuni esempi:

1. Questo libro gratuito scompare a mezzanotte...
2. [URGENTE] Hai UN GIORNO per comprare questo libro scontato
3. Solo questo fine settimana: il mio high fantasy è scontato!
4. Guarda la copertina di {Inserisci titolo del libro} prima di chiunque altro

2) Condividi un segreto

Condividere dei segreti è un ottimo spunto per creare l'oggetto, ma anche per il contenuto dell'e-mail. Questi segreti possono ruotare attorno ai tuoi romanzi o possono riguardare i libri che leggi o possono essere una storia personale, se sei disposto a condividerla.

1. Confessione: questo libro non mi è mai piaciuto
2. Come ho chiesto a mia moglie di sposarmi
3. I due romanzi che vorrei aver scritto
4. Il libro che mi ha fatto perdere sonno

3) Fai una domanda

Fare domande è un modo facile e divertente per creare suspense o curiosità.

Questa può essere una domanda che si applica al tuo libro o una storia personale che condividi nell'e-mail.

1. Uccideresti per proteggere tuo figlio?
2. Qual è il genere di libri che preferisci?
3. Quale di questi titoli preferisci?
4. La lista delle cose da fare prima di morire: Islanda o Timbuktu?

Spero di averti dato qualche idea.

La verità è che il titolo dell'e-mail è solo la porta d'ingresso del tuo messaggio. Se l'iscritto apre l'e-mail e inizia a leggere, il tuo lavoro non è finito. Ora si tratterà di mantenere alta la sua attenzione fino alla *call to action*.

CAPITOLO 15

TECNICHE DI COPYWRITING: COME ELEVARE LE TUE E-MAIL DALLA MASSA

Come ho detto, scrivere un'e-mail che spinga una persona a fare qualcosa è un'arte. Non può essere imparata in un giorno, o leggendo qualche libro. Come la maggior parte delle cose nella vita, richiederà tempo e numerosi tentativi.

Ci sono delle 'formule' che i copywriter usano spesso nella loro attività, dei punti di partenza da cui forgiano i loro messaggi mirati a persuadere. Noi autoeditori abbiamo molto da imparare da loro.

In *Sales Copy Unleashed* vengono riportate due formule che voglio riproporti in questo libro. Credo che diano degli spunti importanti non solo per capire meglio i meccanismi che usano i copywriter quando forgiano i loro messaggi pubblicitari, ma anche e soprattuto come queste formule possono essere integrate nell'attività imprenditoriale di un autore.

La prima formula è chiamata AIDA. È un acronimo che significa: attenzione, interesse, desiderio e azione.

Ogni giorno la persona media viene bombardata da centinaia di messaggi pubblicitari. È chiaro che prima di cercare di persuaderla a fare qualcosa, devi avere la sua attenzione. Un oggetto dell'e-mail ben pensato ti aiuterà a catturare lo sguardo, ma una volta guadagnata l'attenzione del cliente il tuo lavoro non è finito. Ora si tratterà di convincerlo dell'utilità del tuo prodotto. In questa fase 'esplorativa', in cui gli iscritti iniziano a leggere e valutare il messaggio, sta succedendo qualcosa di molto importante: i lettori si stanno formando un'opinione. Alcuni di loro non arriveranno mai alla fine dell'e-mail. Smetteranno di leggere se scoprono che quello che hai da dire, o da vendere, non li interessa. Ma, se il testo cattura l'attenzione, l'interesse aumenta, così come il desiderio di saperne di più, il che porta il cliente all'ultima fase, quella dell'azione, che può essere qualsiasi cosa: lasciare una recensione, iscriversi a una newsletter, comprare un libro, ecc.

AIDA è una formula semplice e utile in diverse situazioni, e ti invito a cercare su Google "modello AIDA" per avere più informazioni in proposito.

La seconda formula di persuasione ha molto in comune con AIDA, ma utilizza un approccio differente. Non si basa sull'attirare l'attenzione, ma piuttosto sul sottolineare un problema.

Si divide in tre parti:

1. Identificare il problema
2. Sottolineare il problema
3. Fornire la soluzione

Questo tipo di tecnica di copywriting funziona particolarmente bene nella non-fiction, nelle descrizioni e nella *back matter* dei libri. Ovviamente devi essere in grado di indirizzare il tuo messaggio al pubblico giusto.

Parliamo più a fondo di questa tecnica.

Il cliente può essere conscio di un problema che lo

tormenta, oppure potrebbe non accorgersi di avere un problema fino a quando non legge il tuo messaggio. Bada bene. Il problema che ha questa persona è reale. È qualcosa che vuole risolvere, ed è disposto a pagare in tempo e denaro per avere la soluzione.

Ti faccio un esempio. Seguire una cattiva alimentazione che porta all'obesità è un problema reale, ma se indirizzi il tuo messaggio a dei palestrati verrai ignorato.

Identifica qual è il problema del tuo pubblico. Chiedi. Fai sondaggi. E poi forgia dei messaggi mirati a risolverlo.

Bene. Hai trovato il pubblico giusto e gli hai messo di fronte il problema che vuole risolvere. Ora non ti resta che fissarlo nella mente del lettore.

La seconda parte di questa tecnica corrisponde alla componente dell'interesse e desiderio di AIDA. Sottolineando il problema nella mente del cliente fai in modo che venga interiorizzato, che diventi un punto importante che lo porta verso la *call to action*. La fine di questo metodo non deve necessariamente condurre ad una vendita. Può semplicemente essere la richiesta di un'azione, oppure l'invito a considerare un certo fatto perché potrebbe rivelarsi importante per una scelta futura.

Voglio farti un altro esempio per spiegarti meglio questo punto. Molti degli iscritti alla mia newsletter non-fiction hanno dato l'esclusiva dei loro lavori ad Amazon attraverso il programma KDP Select. Ho notato che i messaggi riferiti ad Amazon erano quelli più cliccati, e mi venivano fatte domande riguardanti KDP Select, esclusività e visibilità nei negozi online. Insomma, il mio pubblico mi stava dicendo di avere il seguente quesito: è meglio iscrivere un'opera al programma KDP Select oppure pubblicarla su diverse piattaforme?

Per questo motivo ho scritto un'e-mail in cui ho cercato di rispondere ai loro dubbi. La trovi qui sotto, in corsivo.

OGGETTO DELL'E-MAIL: *Esiste un'alternativa al dominio di Amazon?*

Ciao {nome dell'iscritto},

Il problema della visibilità è reale. Ogni giorno migliaia di libri vengono pubblicati indipendentemente. Di questi, la maggior parte non venderanno mai una singola copia.

Quando si parla di self-publishing è impossibile non pensare ad Amazon. Sarebbe come ignorare un elefante che ti è appena entrato in casa.

Amazon è dove si vendono i libri. Amazon è dove la gente ha la carta di credito pronta. Amazon è l'unica vera alternativa esistente, se si vogliono fare soldi con il self-publishing.

Amazon. Amazon. Amazon.

Il nome viene ripetuto come un mantra in molti circoli di autori indipendenti.

Queste voci non hanno torto. È vero, Amazon è l'elefante nel tuo soggiorno di casa. È imponente. Esige la tua attenzione.

Ma c'è un'altra corrente di pensiero che viene sussurrata in alcuni angoli del cyberspazio. La voce si sta facendo più forte, anche se ancora pochi riescono a sentirla nel fracasso provocato dal gigante di Seattle.

Tuttavia, se si fa attenzione, si possono sentire parole come: Kobo, Google Play, Apple Books, Draft2Digital e B&N.

Per molti autori italiani i nomi che hai appena letto sono

*meno familiari del Klingoniano. Altri, li ignorano comple-
tamente.*

*Sto parlando dei negozi online più piccoli, i 'topolini' del
mondo self, gli store che vivono all'ombra del gigante.*

*Io ero una delle persone che si concentrava sul mantra
amazoniano. Focalizzavo tutte le mie attenzioni sul gigante.
Ignoravo tutto il resto. Ancora oggi molti dei miei lavori sono
su KDP Select.*

*Ma qualcosa è cambiato circa sei mesi fa, quando ho
deciso di pubblicare la mia ultima serie (una collection di
novelle fantasy) WIDE (ovvero, in tutti gli store, e non solo
su KDP Select).*

*Ho scoperto molte cose da quando ho fatto questa scelta.
Ho avuto conferma che il problema della visibilità non solo è
reale, ma è esteso, e si sta facendo sempre più presente. Su
Amazon.*

*Una persona che pubblica indipendentemente su
Amazon oggi deve faticare il doppio rispetto a chi pubblicava
due anni fa, il quadruplo rispetto a quattro anni fa ...
insomma, le legioni di autori che ripetono il mantra del
gigante notano sempre di più questo problema. Siamo più
numerosi. E bisogna sgomitare per farsi largo.*

*E poi ci sono quei topolini, i reietti agli angoli della
consapevolezza. Eppure, chi si sta concentrando solo sul
gigante non ha notato che ormai da tempo i topolini sono
cresciuti.*

Voglio raccontarti una storia.

*Qualche settimana fa ho venduto cinque copie di una
delle mie novelle fantasy su Kobo. Cinque. Su Amazon, nella
categoria Fantasy Storico (la categoria delle mie novelle), con
cinque copie non arrivi da nessuna parte. Su Kobo? Per due
giorni il sito ha spiattellato l'immagine del mio libro sulla*

home page della categoria fantasy generale, assieme a libri come Harry Potter e The Witcher.

Potrei sbagliarmi, ma credo che questa si chiami visibilità.

Non sto dicendo che dovresti pubblicare WIDE i tuoi libri. Non è una scelta che consiglierei di fare a tutti. Ma ti invito a pensare alle potenzialità di una scelta del genere. Sempre se dare visibilità ai tuoi libri è uno dei tuoi obiettivi.

Quei topolini non rimarranno tali per sempre, e sono convinto che chi cresce con loro potrà ritrovarsi al suo fianco un vero e proprio elefante che ha tutta l'intenzione di aiutarlo a vendere libri.

Se sei una di queste persone, il mio ultimo video potrebbe interessarti. Ho creato un tutorial su come pubblicare un libro su Kobo Writing Life. Non ho trovato qualcosa di simile su Youtube, e spero che il video possa aiutarti se sei interessato a pubblicare su questo negozio.

Un paio di settimane fa ho anche pubblicato un tutorial su come pubblicare sull'elefante ... voglio dire, negozio ... più grande del mondo. Guarda il tutorial su come pubblicare su Amazon KDP.

Tu che mi dici? Sei esclusivo su Amazon? Oppure hai pensato di abbracciare l'opzione WIDE?

Fammi sapere rispondendo a questa e-mail.

Un caro saluto,

Michele

Questa è una delle e-mail con la più alta *open rate* nella mia newsletter. Senza contare il numero di risposte che ho ricevuto. Tutto questo per una ragione ben precisa. È stata scritta utilizzando la tecnica dell'identificare un problema (visibilità), sottolinearlo (visibilità sempre più difficile da ottenere su Amazon) e fornire una soluzione (pubblicare wide dove la visibilità è meno difficile da ottenere).

Ho scritto questo capitolo sul copywriting per una ragione. L'attenzione dei tuoi iscritti è limitata, e sta diminuendo ogni giorno. Devi fare in modo di catturare il loro interesse in pochi istanti, e queste due formule sono un buon punto di partenza. Ma non sono che l'inizio del viaggio.

Studia. Indaga. Prova cose diverse. Non avrai abbastanza dati per prendere una decisione in merito a cosa è interessato il tuo pubblico dopo aver mandato cinque o sei e-mail. Ma dopo cento? Comincerai a vedere delle tendenze. Alcune e-mail verrano aperte più di altre. Per quale motivo? Il tuo compito sarà dare una risposta a questa domanda. Replica quello che sta funzionando. Impara dai tuoi errori. Continua a mandare e-mail sempre migliori.

Un'ultima cosa da considerare: sforzati di avere ben chiaro quello che vuoi dire *prima* di iniziare a scrivere. Ho inviato centinaia di e-mail, e ho notato che venivano aperte più spesso quelle in cui avevo chiaro fin dall'inizio lo scopo del messaggio.

Fatti la domanda: che cosa speri di ottenere da questa newsletter? Questo ti darà un direzione chiara da seguire, e plasmerà ogni singola parola che scriverai. Ti prometto che ti aiuterà a creare un messaggio utile e mirato.

Ho mentito. C'è un'altra cosa da considerare. Finisci il tuo messaggio con una *call to action*. Può trattarsi di qualsiasi cosa: rispondere ad una domanda, cliccare su un link, vedere un video, seguirti su un certo social media. Qualunque cosa sia, fai in modo che ci sia. Se lo scopo dell'e-mail è quello di comunicare una nuova uscita, la tua CTA potrebbe essere: COMPRA SU AMAZON o COMPRA SU KOBO.

Metti in cima il negozio online in cui vendi di più, in questo modo la maggior parte delle persone vedrà il link più utile per primo. È sconsigliato includere più di 3 link. Troppe possibilità creano confusione.

Cerca di avere una sola CTA per e-mail. Non chiedere al tuo iscritto di lasciare una recensione, seguirti su Twitter e di iscriverti al tuo podcast. Lo stai confondendo. Quale di queste tre cose conta di più per te? Quella è la tua CTA.

PARTE 3

COME OTTIMIZZARE
UNA MAILING LIST

CAPITOLO 16

L'IMPORTANZA DI MANTENERE
UN ALTO TASSO DI CONSEGNA

Il tasso di consegna è la percentuale di e-mail che finiscono effettivamente nella casella principale di posta dei tuoi iscritti. Ho già accennato a questa componente, ma è bene ripetere che una parte delle tue e-mail finiranno nella cartella spam o nella sezione 'Promozioni' su Gmail. Indipendentemente da quello che farai per evitarlo.

Come fa un *e-mail provider* come Gmail a decidere quali messaggi classificare come spam o come promozione? Lo fa tenendo presenti questi due fattori.

1. Fattori relativi all'e-mail stessa
2. Fattori strutturali relativi all'e-mail del mittente (incluso l'indirizzo IP)

Ecco alcuni esempi della prima classe di fattori.

1. Se includi la parola 'gratis' nel titolo dell'e-mail
2. Se la tua e-mail contiene molte immagini o formattazione HTML

In questi casi Gmail potrebbe iniziare ad insospettirsi e considerare la tua e-mail una promozione.

Questi fattori sono facili da testare: basta inviare due versioni della stessa newsletter (una versione contenente formattazione HTML e l'altra che contiene solo testo semplice) e vedere dove finiscono. Alternativamente puoi anche provare con una versione con immagini e l'altra senza.

Quale e-mail è finita nella casella 'promozione'? Qual è arrivata dritta nella tua posta primaria? Puoi scoprirlo inviando a te stesso delle e-mail di prova prima di inviarle ai tuoi iscritti.

Questi sono alcuni fattori relativi all'e-mail stessa, e possono essere modificati. I fattori strutturali sono più difficili da gestire, e non sono necessariamente sotto il tuo controllo.

1) Interazione

Nel libro *The Ultimate Book Marketing Crash Course* l'esperto di self-publishing Nicholas Erik osserva come la creazione di una mailing list segua gli stessi principi del marketing di un libro: prima si genera traffico verso la pagina con il *reader magnet* (allo stesso modo in cui, se volessi vendere un libro, prima dovresti indirizzare traffico alla pagina del tuo prodotto), poi si converte quel traffico in iscritti. Quando una persona si iscrive alla mailing list, il tuo lavoro non è finito. Ora devi trasformare quell'iscritto in un fan.

Costruire una lista di iscritti nutrita (parlo di iscritti acquisiti) non è difficile. La difficoltà sta nel creare un gruppo di persone genuinamente interessate ad aprire la tua prossima e-mail, o disposte a comprare il tuo libro non appena uscito.

Com'è possibile creare una lista del genere? Prima di tutto, è importante che ogni e-mail sia utile o interessante per l'iscritto. Se mandi delle newsletter noiose o inutili, l'interesse dei lettori diminuirà e l'*open rate* diminuirà drasticamente. Questo può essere l'inizio di una spirale catastrofica per la tua mailing list.

Se servizi come Gmail iniziano a vedere che le tue email non vengono aperte, che cosa credi che succederà al tuo tasso di consegna?

Per cercare di prevenire questo problema, Nick consiglia di capire fin da subito che tipo di lista vuoi gestire. Tratterà solo di nuove uscite? Darai in pasto agli iscritti molte cose gratis o in omaggio? Recensirai libri simili ai tuoi? Consiglierai altri autori nel tuo genere? Scriverai newsletter mensili sulle tue vicissitudini di autore?

Puoi fare più di una cosa alla volta, naturalmente, ma l'idea generale è pensare a che tipo di persona stai cercando di raggiungere.

Per servire meglio gli interessi dei tuoi fan devi capire che cosa vogliono, e non è facile farlo se non fai domande. Saresti sorpreso del numero di risposte che potresti ricevere!

Nick manda e-mail alla sua mailing list per cinque motivi diversi. Tu non devi fare lo stesso, ma alcuni dei punti seguenti possono essere un interessante spunto di riflessione.

1. Una newsletter mensile il primo di ogni mese con notizie, sondaggi e raccomandazioni
2. Lanci di nuovi libri
3. Libri o storie gratuite

4. Offerte o sconti
5. Notizie (interviste, aggiornamenti, eventi dal vivo, ecc.)

Dopo che hai mandato la newsletter, controlla l'*open rate* e il *click rate* per valutare il coinvolgimento dei lettori. Cerca di dare loro cose a cui sono interessati. La prova del nove avverrà quando si tratterà di mandare la prossima e-mail con il tuo ultimo prodotto. L'*open e click rate* di quei messaggi ti diranno *davvero* quanto sono interessati i tuoi iscritti.

2) Mantenere una mailing list pulita

Tutte le e-mail che invii provengono dallo stesso indirizzo e-mail, o dominio. Quell'indirizzo/dominio è costantemente valutato e classificato dai *client* di posta elettronica in base a come i destinatari reagiscono.

Per esempio, se una gran parte dei tuoi iscritti su Gmail classifica una delle tue e-mail come spam, questa azione avrà un impatto negativo agli occhi di Google. Più segnali negativi ci sono, più basso diventerà il tuo punteggio. E man mano che scende, diminuirà anche il tuo tasso di conversione.

Al contrario, se una vasta porzione di iscritti tende ad interagire con la tua prima e-mail (ad esempio, rispondendo con un messaggio), questa azione segnala ai *client* di posta elettronica che il tuo indirizzo è affidabile, dato che la gente risponde. Il tuo punteggio salirà, così come il tasso di consegna di tutte le e-mail future.

Questo è il motivo per cui Ricardo Fayet, nel suo libro

How to market a Book, suggerisce di includere una domanda nell'e-mail di benvenuto. Fai una domanda a cui i tuoi lettori vogliono rispondere, e avrai il doppio beneficio di capire meglio i tuoi fan e aumentare il tasso di consegna.

Ma come si fa a mantenere alto il punteggio, e-mail dopo e-mail? Nello stesso modo in cui crei una mailing list di fan: assicurati di inviare solo e-mail che aggiungono valore. I tuoi lettori devono essere genuinamente interessati a riceverle.

Ma a volte mantenere una lista pulita e attiva non è questione di quello che scrivi, o di come lo invii. A volte le persone sono semplicemente distratte, o non interessate a quello che hai da dire.

In questo caso, è necessario fare un po' di pulizia.

CAPITOLO 17

ELIMINARE IL PESO MORTO

In *Anglosassolandia* alcuni autori indipendenti si riferiscono a questa azione come 'purge', ovvero cancellare gli iscritti che stanno influenzando negativamente il tuo tasso di consegna.

Il modo più comune di tenere una lista pulita è selezionare le persone che non hanno aperto un'e-mail in un certo intervallo di tempo, di solito novanta giorni o più. Dipende dalla frequenza in cui mandi la newsletter.

So che cosa stai pensando.

L'acquisizione di un iscritto costa tempo, sforzo e molto spesso denaro. Sarai esitante a disfarti di loro. Ti capisco, ma pensala in questi termini: se un abbonato non ha aperto nessuna delle tue ultime quindici o venti e-mail, stai effettivamente pagando per mantenere una persona inattiva nella tua lista. Infatti, più abbonati dormienti ci sono, più basso sarà l'*open rate*. Questo influenzerà il tasso di consegna, il che aumenta le possibilità che anche iscritti genuinamente interessati a leggere le tue notizie non le ricevano.

Questo è un fatto molto grave che dovresti evitare ad ogni costo.

Certo, non vuol dire che dovresti semplicemente elimi-
nare tutti gli iscritti dormienti. Assolutamente no. Alcune
volte le statistiche di *open rate* del nostro servizio di e-mail
marketing non sono accurate. Potrebbe succedere che una
persona che ha aperto molte delle tue ultime e-mail risulti
un contatto dormiente. Per questo motivo dovresti dare
un'ultima possibilità agli iscritti inattivi di rimanere a bordo.
Ti consiglio di inviare loro un'e-mail spiegando che, a meno
che non compiano un'azione (ad esempio, clicchino su un
link o rispondano), li cancellerai dalla tua lista.

Quello che segue è il messaggio che ho mandato ai miei
iscritti dormienti nel bel mezzo della mia 12X20 Challenge
(una sfida in cui mi sono riproposto di scrivere 12 storie in
12 mesi nel 2020):

Ciao << Nome iscritto >>,

*Ho notato che non hai aperto molte delle e-mail che ho
inviato nei mesi scorsi.*

*Se vuoi cancellarti dalla mia lista, lo capisco. Puoi clic-
care sul link 'unsubscribe' in fondo a questa e-mail e ci sepa-
reremo da amici. :D*

*Se per qualche motivo ti sei perso una delle mie storie,
volevo farti sapere che fino ad ora ce ne sono 8 disponibili da
leggere, tutte GRATIS.*

Clicca QUI per leggere l'intero catalogo.

*Se le hai lette e te ne è piaciuta una in particolare, clicca
su 'rispondi' e fammelo sapere, così saprò cosa scrivere nei
prossimi mesi.*

Ciao,
Michele

. . .

Questa e-mail mi ha permesso di recuperare il 7% degli iscritti dormienti. Come puoi vedere il messaggio ha due *call to action* e due link. È corta e va dritta al punto.

Se vuoi utilizzare un messaggio più corto e generico, puoi usare questa qui:

Ciao,

Il mio servizio di posta elettronica dice che non hai aperto le mie ultime e-mail. Ma a volte questo è un errore, quindi non voglio rimuoverti dalla mia mailing list se vuoi rimanere.

Basta che clicchi QUI [inserisci link] per continuare a ricevere la mia newsletter. Se non vuoi rimanere, non devi fare nulla. Sarai automaticamente rimosso in 7 giorni.

Ciao,

Michele

Dopo una settimana, elimina tutti gli iscritti che sono rimasti dormienti.

Se invii e-mail ogni mese, Nicholas Erik raccomanda di inviare la campagna di riattivazione agli iscritti che sono rimasti inattivi per un periodo compreso tra i novanta e i centoventi giorni. Tuttavia, se invii e-mail meno di frequente, allora devi rendere quella finestra più lunga, diciamo sei mesi.

Sconsiglio di inviare campagne di riattivazione agli iscritti organici. Con tutta probabilità non ne avrai abbastanza perché ti costino soldi.

CAPITOLO 18

QUESTA È L'ETÀ DELL'ORO DELLA MAILING LIST

Quando premi il pulsante 'invia', ci sono molte cose che sono al di là del tuo controllo.

Non importa. Devi fare del tuo meglio per ogni e-mail che scrivi. I tuoi lettori non meritano niente di meno.

Sono convinto che scrivere contenuto utile per i tuoi iscritti sarà una delle componenti che assicurerà il successo della tua newsletter e ne beneficerà la tua carriera di autore.

La mailing list è qui per rimanere. Certo, nei prossimi anni alcune cose cambieranno, e noi autori dovremmo adattarci per restare al passo con i tempi, ma tutto questo non fa che sottolineare l'importanza (e perfino l'*urgenza*) di creare la tua mailing list al più presto, se non l'hai già fatto.

Se hai tempo per concentrarti su una cosa sola, concentrati sulla costruzione della tua mailing list perché QUESTO è il miglior momento per farlo.

Ricorda. La tua carriera di autore si costruisce un'e-mail alla volta.

Non è troppo tardi per gestire una Newsletter con la 'N' maiuscola.

LA LISTA DEL SUCCESSO

Ho sempre apprezzato i libri di non-fiction che riassumono i concetti più importanti espressi nei capitoli precedenti, ma so benissimo che questo non rappresenta un sostituto al contenuto stesso del libro.

Quelli che seguono sono alcuni concetti a cui puoi far riferimento se vuoi rinfrescarti la memoria, ma ti consiglio di rileggere le sezioni del libro a cui sei interessato per fare in modo che l'informazione si sedimenti.

Ho anche inserito dei concetti nuovi di cui non ho parlato nel libro, per evitare di farlo diventare troppo pesante. Alcuni sono dei suggerimenti che possono aiutarti a fidelizzare i tuoi iscritti.

Non esistono scorciatoie che possono sostituire la strada principale della conoscenza.

Questa lista è una scorciatoia. Se hai bisogno della conoscenza, sai dove trovarla.

- Ogni libro che vendi senza avere una mailing list è un'opportunità persa.

- L'e-mail non è morta. È l'unica forma di comunicazione che usiamo per le faccende di tutti i giorni, e il metodo preferito dai consumatori per ricevere messaggi promozionali.

- La prima cosa di cui avrai bisogno per creare una mailing list è un indirizzo e-mail con dominio. Non cercare di gestire una mailing list dal tuo account Gmail. Le tue e-mail verranno bloccate e finiranno nella cartella spam.

- Crea un *reader magnet* che si rifà ad una serie o un libro che hai già scritto e che i lettori hanno apprezzato. Questo prodotto ha il vantaggio di attirare solo fan dei tuoi lavori, piuttosto che lettori che arraffano libri gratis senza guardare in faccia a nessuno.

- Metti il *reader magnet* sul tuo sito e nella *front* e *back matter* dei tuoi libri. Occasionalmente, condividi il *reader magnet* anche sui social.

- Il momento ideale per creare una mailing list è *prima* di pubblicare un libro, o prima che le tue vendite decollino.

- A meno che tu non pubblichi più di tre, quattro libri all'anno, le persone si dimenticheranno di te tra un lancio di un libro e l'altro. Tieni alto l'interesse dei tuoi fan con e-mail periodiche che li rendono parte del tuo mondo. Crea anticipazioni esclusive del tuo libro, *cover reveal* ed eventi sui social media. Tieni alto il loro interesse.

- Se puoi, rimuovi il *double opt-in*. È stato stimato che ti fa perdere intorno al 30% delle persone che si iscrivono nella tua mailing list.

- Sapere che le tue e-mail verranno lette e cliccate, cambia anche il modo in cui le scrivi. Concentrati sul creare e-mail che aggiungono valore e incoraggiano l'interazione con i tuoi fan. Ti aiuterà parecchio quando si tratterà di lanciare il prossimo libro.

- Avere una mailing list nutrita e con un'alta interazione è il tuo strumento di promozione migliore e al tempo stesso un'assicurazione contro i sommovimenti nell'industria editoriale.

- Gli autori di saggistica hanno un potenziale maggiore di vendere altri prodotti attraverso una newsletter. Alcuni esempi: consulenze, corsi, guide, software, ecc.

- Cambiare servizio di e-mail marketing quando hai già una newsletter può richiedere tempo e fatica. Ricerca e valuta attentamente quale servizio sarà il migliore per te nel lungo periodo. Cerca di fare la scelta giusta fin da subito.

- Usa BookFunnel per mandare il tuo *reader magnet* agli iscritti. Ti assicuro che ti farà risparmiare tempo e denaro.

- Nella *back matter* dei tuoi libri inserisci sempre una CTA come ad esempio: 'iscriviti alla mia newsletter' oppure 'recensisci il mio libro' o ancora 'compra il prossimo libro della serie'. Meglio non averne più di due CTA per libro, o corri il rischio che il lettore non faccia nulla.

- Specialmente con iscritti acquisiti, fai in modo di creare per loro un'automazione personalizzata, per convertirli da contatti 'freddi' a fan dei tuoi lavori.

- Sii autentico. Dai ciò che hai promesso. Se le persone si iscrivono alla tua e-mail list e dici loro che manderai e-mail regolarmente, allora fallo.

- Il *sales copy* di una newsletter inizia dal titolo. Dai alla tua e-mail la maggiore possibilità di raggiungere i tuoi iscritti, e di non finire nella cartella spam.

- Chiedi o parla di una sola cosa in ogni e-mail. Abbi chiaro fin dall'inizio qual è il motivo per cui la stai scrivendo.

- Finisci la tua e-mail con una CTA. Può essere quello che vuoi, dal chiedere di comprare un libro al seguirti sul tuo canale Youtube o rispondere a un quesito.

- La tua mailing list è la migliore possibilità di arruolare un gruppo di lettori (ARC team) che ti permetterà di avere delle recensioni per il tuo lavoro prima che inizi a dirigerci traffico.

- Crea un'offerta irresistibile. Dai ai potenziali iscritti qualcosa di valore per invogliarli ad entrare a far parte della tua cerchia di fedelissimi.

- È importante che tu dia istruzioni nell'e-mail di benvenuto su come mettere tra i contatti il tuo indirizzo per evitare che finisca nella cartella spam.

- Fai 'manutenzione' periodica dei tuoi iscritti per mantenere il tuo tasso di consegna alto.

- Le automazioni, note anche come sequenze di benvenuto, flussi di lavoro o autoresponder, ti permettono di inviare e-mail non appena il lettore compie una certa azione. Sono folletti invisibili che lavorano per te, presentando il tuo catalogo o interagendo con i tuoi lettori mentre dormi. Non sottovalutare il loro potere.

- Individuare, agitare e risolvere un problema è una formula potente che puoi utilizzare nelle tue e-mail per aumentare il tasso di consegna e la possibilità che gli iscritti seguano una CTA.

- Coltivare una mailing list di qualità richiederà molto tempo, specialmente all'inizio, e non vedrai molti risultati nei primi mesi, ma ti assicuro che se investi risorse nel curare una newsletter di qualità guarderai al momento in cui l'hai creata come alla scelta migliore che hai fatto nella tua carriera di autore.

CONCLUSIONE

Sono iscritto a molte newsletter di autori indipendenti italiani. Alcuni di loro vendono migliaia di copie l'anno, e hanno un numero a quattro o cinque cifre di followers su Facebook e Instagram.

Sto ancora aspettando la loro e-mail di benvenuto.

Questo sottolinea un problema endemico nel Bel Paese: la mailing list è ritenuta un mezzo promozionale di seconda classe perfino da autori best seller.

A parte rare eccezioni, gli autori italiani che hanno una newsletter la nascondono in un link minuscolo nel dimenticatoio del loro sito. Forse se ne vergognano. Nel novanta percento dei casi, non ho neppure trovato un link per iscrivermi. Credimi. Ho cercato a lungo.

Quello che segue è un ritornello che sentirai spesso nei circoli di autori indipendenti italiani. *In Italia è impossibile che qualcuno ti dia il suo indirizzo e-mail. Nemmeno con una pistola puntata sulla fronte.*

Questa non è affatto la mia esperienza. Lo provano le diverse centinaia di iscritti organici che leggono le mie e-mail ogni mese.

È vero. È impossibile che un lettore si iscriva alla tua newsletter se non esiste, o se la nascondi, o se la tratti come un cadavere di cui vuoi disfarti velocemente.

Voglio confessarti un segreto. Ero una di quelle persone.

Tre anni fa non utilizzavo la mia mailing list. In realtà, non avevo idea di come usarla, o di come potesse integrarsi con il mio business. Avevo sentito da colleghi anglosassoni che rappresentava la pietra angolare della loro carriera. E ogni volta mi giravo dall'altra parte e continuavo a sbagliare tutto.

Faccio self-publishing da quasi un decennio. Per sette anni, ho avuto una mailing list e le ho fatto prendere polvere. Sono sette anni di opportunità perse che nessuno mi restituirà.

Non fare il mio stesso errore.

Stai ancora pensando agli autori best-seller che vendono bene senza curarsi di avere una mailing list? Anche io. Sono molto preoccupato per loro.

Essere in questo business da un decennio fornisce il vantaggio della prospettiva. Negli anni, ho visto molti autori sorgere e tramontare. Questo può dipendere da diversi fattori, ovviamente. Ma mi fa riflettere molto il fatto che nessuno di loro avesse una newsletter.

È bello sentire il vento nei capelli quando sei sulla cresta dell'onda di Amazon, ma nessun autore può controllare il movimento del 'mare'. Una volta Amazon promuoveva organicamente i nostri libri. Ora si fa pagare per farlo. Una volta un post sulla nostra pagina Facebook raggiungeva molti dei nostri fan. Oggi è un sussurro che si perde nel vento, se non sei disposto a pagare per farti sentire.

Amazon, Facebook e altri social media non basano il loro business sul benessere degli autori, ma su quello dei loro clienti. Succederà, come è già successo in passato, che le carte in gioco cambieranno.

Gli autori con un contatto diretto con i loro lettori sopravviveranno. Gli altri diventeranno un esempio nella conclusione di un libro.

Posso vedere, adesso, tutti i vantaggi del curare una newsletter. Oltre ai più ovvi (avere un contatto diretto con i miei lettori e generare più vendite) ce ne sono altri che non avrei mai sospettato.

La mailing list è il modo in cui creo gruppi di lettori che lasceranno recensioni quando ne ho bisogno, dando più possibilità ai miei libri di essere notati dal pubblico.

È il modo in cui costruisco una squadra di lettori beta che mi aiutano a creare storie migliori, fornendo pareri e commenti che daranno un'esperienza migliore ai miei clienti.

È anche il modo in cui alcuni dei miei lavori hanno raggiunto la vetta della classifica in una dozzina di casi diversi, generando visibilità e vendite che non avrei mai potuto raggiungere usando solo i social media o gli Amazon Ads.

La mia mailing list è la mia polizza assicurativa contro i cambiamenti che rivoluzioneranno l'autoeditoria nei prossimi anni. Questi cambiamenti avverranno. È una certezza.

Non costruire la tua carriera sulle sabbie mobili. I tuoi libri meritano di meglio.

RINGRAZIAMENTI

Grazie a Crystal, Nick, Tammi e David per avermi insegnato l'importanza di avere un collegamento diretto con i miei lettori. Senza i vostri consigli, suggerimenti e ammonizioni questo libro sarebbe rimasto l'eco di un'idea mai sviluppata.

Grazie a Rita Carla Francesca Monticelli per aver letto una prima versione di questo libro e aver fornito pareri utili per migliorarlo, oltre ad aver mitigato gli effetti disastrosi del mio bilinguismo sui poveri lettori italiani.

Grazie ad Alessandro per avermi fatto le domande giuste. Grazie a Mana, che non ha battuto ciglio quando mi alzavo alle cinque di mattina per scriverlo.

E grazie a te, che lo hai letto. Spero di risparmiarti tutti gli errori che ho fatto io, e di averti dato un motivo in più per credere nella tua storia.

www.ingramcontent.com/pod-product-compliance
Lightning Source LLC
Chambersburg PA
CBHW071104210326
41519CB00020B/6160